ESCOJA Y SELECCIONE:
IDEAS DINÁMICAS PARA REUNIONES DE JÓVENES

Guillermo A. & Irene Dávila
307 North 19th Street
San José, CA 95112
(408) 947-1361

Editorial Acción

Un departamento de la editorial "Group Publishing" Loveland, Colorado EE.UU

Editor general: Esteban Saavedra
Traducción y adaptación: Miguel A. Mesías E.
Diseño de la portada: Randall Miller Design
Diseño interno: Miguel A. Mesías y Helen Lannis
Tipografía: Miguel A. Mesías E.

Excepto cuando se indica lo contrario, todas las citas bíblicas son tomadas de *La Santa Biblia*, Versión Reina-Valera, Revisión de 1960, © 1960 Sociedades Bíblicas en América Latina. Usadas con permiso.

ISBN 1-55945-688-4
Library of Congress Catalog Card Number: 96-83133

10 9 8 7 6 5 4 3 2 1   04 03 02 01 00 99 98 97 96
Impreso en EE. UU.
Printed in The United States of America.

Índice

ACTIVIDADES DE AFIRMACIÓN PERSONAL 101

Sugerencias

Al seleccionar una actividad o proyecto en particular para su grupo, podría darse el caso de que en su localidad no sea fácil conseguir (o sean muy costosos) los materiales que se necesitan. En ese caso, sustitúyalos con objetos o artículos que tenga a su alcance o pueda conseguir.

Por ejemplo, si no le es posible conseguir cinta adhesiva de pintor para trazar una línea recta en el piso, sencillamente use una cuerda estirada y sujeta en los extremos con dos objetos pesados. Si no puede conseguir hojas grandes de papel periódico, use papel de empaque, o incluso las páginas de los anuncios clasificados de los periódicos, escribiendo en ellas con marcadores de punta gruesa. En algunas actividades, en lugar de marcadores puede usar colores de cera, o lápices de colores; o en lugar de tarjetas de archivador puede usar hojas de papel recortado.

Use su imaginación e iniciativa para realizar las adaptaciones del caso, y usar materiales y artículos que el Señor ha puesto a su alcance en su situación en particular.

ACTIVIDADES Y JUEGOS INTRODUCTORIOS

Título: **Carrera de presentación**
Tiempo: **5 a 10 minutos**
Tamaño del grupo: **6 o más personas**
Materiales: Ninguno.

Forme grupos de seis o más personas y pídales que se coloquen en un extremo del salón, mientras que usted se coloca en el otro extremo. Instrúyales que cada grupo debe escoger un nombre que exprese agilidad, tales como "venados," o "relámpagos." En voz alta haga una descripción de un adolescente o joven típico. Por ejemplo, usted podría decir "el más joven en la familia," "estudiante del curso más avanzado de secundaria," "pelo rizado natural," "toca en la banda del colegio," o "tiene su licencia de conducir." Cada grupo debe hallar entre sus miembros alguien que se ajuste a tal descripción, y luego traer a esa persona hasta donde está usted y presentársela. El primer grupo que le presenta el mayor número de personas que se ajustaron a las descripciones indicadas es el ganador.

Título: **El juego del sofá**
Tiempo: **10 a 15 minutos**
Tamaño del grupo: **8 o más personas**
Materiales: Un sofá (puede usar una banca), sillas, papel y lápices.

Arregle las sillas y el sofá en un círculo. Ponga a dos muchachos y a dos muchachas en el sofá. Tenga una silla vacía. Escriba el nombre de cada joven y señorita en tiras de papel separadas, mézclelas bien, y repártalas. Adviértales que nadie debe decir el nombre que recibe.

El objeto del juego es que en el sofá haya solo muchachos o muchachas, controlando así el sofá. Para empezar la persona que está sentada a la izquierda de la silla vacía dice en voz alta el nombre de algún miembro del grupo. La persona que tiene el papel con ese nombre escrito (**NO** la persona que así se llama) pasa a ocupar la silla vacía y cambia su papel con el de la persona que llamó el nombre. La persona a la izquierda de la silla que acaba de quedar vacía anuncia el siguiente nombre. Esto continúa hasta que el sofá se halle ocupado bien sea por cuatro muchachos o por cuatro muchachas.

Título: **Frutas y animales**
Tiempo: **5 a 10 minutos**
Tamaño del grupo: **Cualquiera**

Materiales: Animales de felpa (peluche) que los jóvenes traigan de sus hogares.

Pida que los jóvenes se sienten en círculo. Apile en el centro del círculo los animales de felpa. Pida que los jóvenes le digan al grupo qué animal representa mejor su personalidad, y por qué; por ejemplo: "Probablemente me parezco a un león, porque soy agresivo en los deportes," o "Creo que me parezco más a un mono porque siempre estoy encontrando algo divertido en las cosas."

Esta actividad puede hacerse también usando un tazón con frutas, dibujos o cuadros, varias clases de dulces o caramelos, y artículos que ordinariamente se hallan en el salón de reuniones.

Título: **¿Quién soy?**
Tiempo: **15 a 20 minutos**
Tamaño del grupo: **Cualquiera**

Materiales: Papel y lápices.

Pida que cada persona escriba en una hoja de papel las respuestas a la pregunta: "¿Cuál es tu alimento, animal, canto de alabanza, himno, pasatiempo o color, favorito?" Pida que los jóvenes anoten su nombre, pero que no permitan que nadie vea sus respuestas. Recoja las hojas con las respuestas. Luego léalas al grupo entero. Pida que los jóvenes traten de adivinar a quién pertenecen las respuestas.

Conceda un punto por cada adivinanza acertada. La persona que recibe más puntos es la ganadora.

Título: **Etiqueta en la frente**
Tiempo: **5 a 10 minutos**
Tamaño del grupo: **Cualquiera**

Materiales: Papel, lápices, cinta adhesiva, tijeras, cuerda o lana.

Recorte tiras de papel de tres centímetros de ancho y quince de largo. Pegue en cada tira un pedazo de cuerda o estambre de un metro de largo.

En la tira de papel escriba descripciones de varios tipos de personalidad, tales como cohibido, hostil, solitario, triste o cómico.

Luego ate una etiqueta en la frente de cada persona, atando la cuerda o el estambre alrededor de su cabeza y con la etiqueta mostrándose en su frente. Instruya que nadie debe ver su propia etiqueta. Pida que los jóvenes se mezclen, en conversación unos con otros. Nadie debe revelar a otra persona la leyenda de la etiqueta que lleva en la frente, sino tratarla de acuerdo a lo que dice esa etiqueta. Cada persona debe tratar de adivinar la etiqueta que lleva en su propia frente, observando la forma en que los demás lo tratan.

Título: **Carrusel mezclador**
Tiempo: **15 a 20 minutos**
Tamaño del grupo: **8 o más personas**
Materiales: Ninguno.

Forme dos círculos, uno dentro de otro, mirándose de frente. Pida que los jóvenes en el círculo interior respondan, por turno, a cada una de las frases inconclusas que se indican más abajo en esta misma actividad. Antes de que respondan a cada frase, pida que las personas en el círculo exterior giren una persona hacia la derecha. De esa manera cada participante en el círculo interior hablará con cinco personas diferentes. Pida a los participantes que están en el círculo de afuera que se limiten a escuchar hasta que los que están en el círculo interior hayan respondido a las cinco frases. Luego repita las frases, una por una, pero esta vez que el círculo interior gire una persona hacia la derecha antes de dar cada respuesta.

Estas son las frases:
1. Si tuviera que destrozar una cosa y sólo una cosa, esa sería . . .
2. El más grande descubrimiento que me encantaría hacer sería . . .
3. El valor más grande en mi vida en estos momentos es . . .
4. El momento en que me siento más vivo es . . .
5. Si pudiera acabar con todas las guerras o lograr que la mitad de la población mundial se entregara a Cristo, preferiría . . .

Título: Más hamburguesa que bistec
Tiempo: 5 a 10 minutos
Tamaño del grupo: **Cualquiera**

Materiales: Ninguno.

Reúna a los jóvenes en medio del salón. Dígales que usted va a leer una lista de dos artículos a la vez. Para cada par, indíqueles que deben escoger el artículo que más les gustaría, y que lo seleccionen pasando a uno de los lados del salón. Designe uno de los extremos del salón para los que seleccionan el primer artículo mencionado, y el extremo opuesto para los que escogen el segundo artículo mencionado en el mismo par.

Estos son los artículos: hamburguesa/bistec, campo/ciudad, televisión/libros, pionero/colono, uno que da/uno que recibe, desayuno/cena, espectador/participante, montañas/océano, león/oso, cachorro/gatito, música folclórica/salsa, Mercedes Benz/motocicleta, gastar/ahorrar.

Después de que ha mencionado unos cuantos pares, deténgase y pida que los jóvenes digan por qué escogieron lo que seleccionaron.

Título: Pum - Ajá
Tiempo: 10 a 15 minutos
Tamaño del grupo: **Cualquiera**

Materiales: Algún objeto que se pueda lanzar, tal como una almohada pequeña o una fruta.

Pida que los jóvenes se sienten en un círculo. Instruya: **Vamos a tener un pum - ajá. Pero no se parecerá a ningún pum - ajá que hayan visto antes.**

Explique que los jóvenes contarán experiencias "pum" y "ajá." Una experiencia "pum" es una desilusión que ocurrió en el hogar, la escuela o el trabajo. Una experiencia "ajá" es cualquier cosa que les hizo sonreír, tal como un logro personal u otra experiencia agradable.

Consiga un objeto que se pueda lanzar, tal como una almohada pequeña o una fruta. Empiece usted mismo contando una experiencia "pum," y luego lance el objeto a alguna otra persona en el círculo mientras dice a la vez "pum" o "ajá." La persona que recibe el objeto deberá contar una experiencia positiva o negativa ocurrida en su vida, según lo que usted haya dicho. Continúe hasta que todos en el grupo hayan contado tanto un pum como un ajá.

Título: Cacería de autógrafos
Tiempo: 5 a 10 minutos
Tamaño del grupo: **10 o más personas**

Materiales: Papeles y lápices.

Entregue a cada joven una lista de talentos, experiencias, o cualidades, tales como: amigable, ascendió a una montaña, juega al fútbol, le gusta escuchar, una vez comió ancas de rana, y así por el estilo. Pídales que busquen en el grupo personas que reúnan o tenga esas características, y que le soliciten su firma. El ganador es el primero que consigue una firma para cada asunto señalado en la lista, o la persona que recoge mayor número de autógrafos en un tiempo señalado.

Título: Trivialidades
Tiempo: 10 a 15 minutos
Tamaño del grupo: **Cualquiera**

Materiales: Papeles y lápices. Confirme que estén presentes todos los adultos que ayudan con el grupo.

Pida que los participantes anoten las preguntas que usted indicará en cada una de las siguientes cuatro categorías. Se indica una pregunta de muestra como ejemplo:

1. Deportes y diversiones: ¿Cuál es su pasatiempo favorito?
2. Ciencia y naturaleza: ¿Cuál parte de su vida representa el más grande reto para usted?
3. Entretenimiento: ¿Cuál es su programa favorito de televisión?
4. Artes y literatura: ¿Cuál es su novela favorita?

Forme un grupo de jóvenes para cada líder adulto presente. Indique que los grupos competirán tratando de contestar correctamente el mayor número de preguntas con respecto al líder adulto incluido en ese grupo. Conforme usted hace cada pregunta en voz alta, los líderes adultos deberán escribir sus propias respuestas, sin decírselas a nadie, mientras que los jóvenes dialogan entre sí para tratar de adivinar la respuesta. Conceda tres puntos para cada respuesta correcta. El grupo que tiene más puntos al final es el ganador.

Título: ¿De quién es el secreto?
Tiempo: 5 a 10 minutos
Tamaño del grupo: 3 o más personas

Materiales: Tarjetas de archivador (o tiras de papel), lápices, un sombrero.

Pida que cada joven anote en una tarjeta de archivador algún detalle curioso o particular respecto a su propia persona que nadie más en el grupo sabe. Luego pida que cada persona saque del sombrero un secreto y vaya de persona en persona, susurrándole al oído el secreto. La persona debe responder si el secreto le pertenece o no, pero igualmente susurrándole al oído la respuesta. Una vez que halla al dueño del secreto, la persona debe susurrar el secreto a dos o tres personas más, pero sin indicar quién es el dueño del secreto. Luego debe guardar la tarjeta y regresar a su asiento. Cada joven debe guardar el secreto y la identidad de la persona hasta que el juego concluya.

Cuando todos estén sentados después del juego, cada uno debe leer en voz alta el secreto, mientras que los demás tratan de averiguar la identidad del propietario. Después los jóvenes revelarán la identidad del dueño del secreto.

Título: Juego de ficción cultural
Tiempo: 10 a 15 minutos
Tamaño del grupo: 6 o más personas

Materiales: De antemano fotocopie en tarjetas las leyes culturales que se indican más abajo.

Forme dos grupos y pida que se coloquen en extremos opuestos del salón. Déle a cada miembro de uno de los grupos una tarjeta con las leyes culturales ficticias que se indican, y pídales que las estudien de modo que puedan ponerlas en práctica al interactuar con el otro grupo.

Cuando el grupo de cultura ficticia esté listo, pida que los dos grupos se unan para establecer amistad. Los miembros del grupo regular deben tratar de adivinar o descubrir las leyes que el grupo de cultura ficticia está usando en su interacción con ellos.

Leyes culturales ficticias:

1. Nunca le frunzas el ceño a alguien a quien no conoces muy bien.
2. Parpadea constantemente si la otra persona es una amiga o amigo íntimo.
3. Cuando alguien se te acerca, lo cortés es darle la espalda.
4. Las personas ruidosas o agresivas son atractivas, y tú te sientes atraído por ellas.
5. Es apropiado estrechar la mano solo cuando estás enojado con alguien y quieres empezar una pelea con esa persona.
6. Si quieres hablar con un extraño, te acercas a esa persona y te sientas en el suelo frente a ella con las piernas cruzadas.
7. Si quieres decirle a alguien que te gusta, sácale la lengua, apriétate la nariz y salta en tu propio sitio.
8. Jamás hables español.

13

Título: **Carrera de relevos con restricciones**
Tiempo: **10 a 15 minutos**
Tamaño del grupo: **12 o más personas**
Materiales: Ninguno.

Forme equipos de seis personas. Divida a cada equipo en dos, y pida que se coloquen frente a frente, tres personas en un extremo del salón y las otras tres en el otro extremo. Cada equipo debe dar una moneda, un calcetín y un zapato. Explíqueles que cada equipo va a realizar una carrera de relevos, usando la moneda, el calcetín y el zapato, por turno y en ese orden. El primer participante debe llevar el objeto a su compañero que está al otro lado del salón, y entregárselo, para que este compañero lo lleve de regreso al lugar de partida. El primer equipo que lleva y regresa todos los objetos es el ganador. Cada carrera tiene reglas especiales:

Primera carrera (moneda): No se puede tocar la moneda con las manos.

Segunda carrera (calcetín): No se puede tocar con las manos o los pies.

Tercera carrera (zapato): No se puede tocar con las manos o los pies, y hay que llevarlo gateando (con manos y rodillas).

Título: **Cacería de cachivaches**
Tiempo: **20 a 25 minutos**
Tamaño del grupo: **6 o más personas**
Materiales: Ninguno.

Forme equipos de tres o más personas e indíqueles que se coloquen en un extremo del salón. Cada equipo debe seleccionar un corredor. Colóquese usted en el otro extremo del salón y pida en voz alta un objeto común, tal como un cordón de zapatos, un arete, una moneda de 25 centavos, un reloj con calendario, una licencia de conducir o manejar, goma de mascar, esmalte de uñas, o cualquier cosa que los jóvenes o señoritas puedan tener. Los equipos deben tratar de conseguirlo. Entonces el corredor debe ir hasta el otro extremo del salón y poner todos los artículos en un montón separado para su propio equipo.

Cuando cada montón tiene por lo menos ocho artículos, conceda 10 minutos para que cada equipo prepare un corto drama cómico improvisado, en el que deben usar todos los artículos. Luego debe presentarlo.

Título: **El montón de zapatos**
Tiempo: **10 a 15 minutos**
Tamaño del grupo: **12 o más personas**
Materiales: Ninguno.

Pida que jóvenes se quiten los zapatos y los mezclen en un montón en un extremo del salón. En el extremo opuesto deben formar grupos de tres o más personas. La primera persona de cada grupo es el "detective." La segunda persona de cada grupo debe describirle al detective sus zapatos, quien debe correr al montón, buscar los zapatos y traérselos.

Si el detective se equivoca, debe pedir más señas e ir a buscarlos de nuevo. Si acierta, el dueño de los zapatos se los pone y se convierte en el detective. Se repite el juego hasta que cada miembro del grupo tenga sus propios zapatos. El grupo que resuelve primero el misterio es el ganador.

16

Título: Esquí terrestre
Tiempo: 10 a 15 minutos
Tamaño del grupo: 8 o más personas

Materiales: Por cada cuatro personas necesitará dos tablas de 3cm de espesor, 10 ó 15 cm de ancho y 2m de largo, clavos, martillo, tiras de lona o tela fuerte.

Clave cuatro tiras de lona o tela fuerte en cada tabla, a modo de sujetadores de esquíes. Deje entre tira y tira espacio suficiente como para que los participantes puedan meter sus pies en los sujetadores. Forme equipos de cuatro personas. Seleccione dos equipos para la primera carrera, y déle a cada equipo dos tablas. Deben colocarlas paralelas sobre el piso, y cada miembro del equipo debe introducir sus pies dentro de los sujetadores, como lo haría un esquiador. Luego cada grupo debe avanzar hacia la meta señalada. Los ganadores de cada competencia individual competirán con otros de los ganadores, por turno, para determinar el campeón.

17

Título: Ejercicio de retentiva
Tiempo: 5 a 10 minutos
Tamaño del grupo: 10 o más personas

Materiales: Ninguno.

Escoja seis jóvenes o señoritas e instrúyales que entren trotando al salón de reunión, y que luego salgan en fila india. Después de 30 segundos deben volver a entrar al salón, pero en diferente orden. Deben detenerse formando una fila, y gritar: "¡Retentiva!" El resto del grupo debe colocar a los corredores en su orden original. Note cuantas personas puede el grupo volver a colocar en el orden correcto. Luego repita el proceso, sólo que en esta ocasión los corredores deben salir y volver a entrar en la habitación con sus manos en alguna posición específica, pero no debe haber dos personas con las manos en la misma posición, y luego volver a salir. Cuando el grupo vuelve a entrar, los demás deben colocar a los corredores en el orden original y colocar las manos de ellos en la posición en que las tenían en la vuelta anterior.

18 Título: **Búsqueda de suelas**
Tiempo: **5 a 10 minutos**
Tamaño del grupo: **10 o más personas**
Materiales: Ninguno.

Instruya a los participantes que se quiten los zapatos y que los coloquen en un solo montón en el medio del salón. Luego cada persona debe buscar una pareja, y colocarse de espaldas tomándose de los brazos. Las parejas deben formar un amplio círculo alrededor del montón de zapatos. A la orden de "¡Busquen las suelas!" las parejas deben correr al montón de zapatos, buscar los propios, calzárselos, y regresar a su sitio en el círculo. Los participantes pueden ayudar a su pareja, pero no se permite hablar, y las parejas deben permanecer espalda contra espalda y los brazos ligados.

19 Título: **Canje de objetos**
Tiempo: **5 a 10 minutos**
Tamaño del grupo: **6 o más personas**
Materiales: Ninguno.

Pida que los jóvenes formen un círculo y se numeren con letras A, B, A, B. Diga: **En este juego la persona A siempre se queda en su sitio, sin moverse, y la persona B es la que se mueve siempre. Voy a decir un número, que le dirá a la persona B a donde debe dirigirse. Por ejemplo, cuando digo "¡tres!" todas las personas B deben dirigirse a la tercera persona A a su derecha. Entonces la persona B debe decir: "Hola, me llamo** (nombre)." **Y la persona A debe responder: "Hola, me llamo** (nombre). **Me gustaría darte** (un objeto tangible que B pueda llevar, como por ejemplo una peinilla, un lápiz o un reloj). **Después diré otro número y las personas B deben dirigirse a esa persona A hacia la derecha, y repetir lo mismo. El juego continuará hasta que todas las personas B tengan tres objetos. Luego las personas A y yo gritaremos "¡Canje de objetos!" Las personas B deben devolver lo más rápido posible todos los objetos a sus dueños y volver a su sitio en el círculo. La primera persona que devuelva todos los objetos y vuelva a su sitio es la que gana. Luego las personas A y las personas B cambiarán de papel, y se repetirá el juego.**

20

Título: **Transporte de zapatos**
Tiempo: **10 a 15 minutos**
Tamaño del grupo: **4 o más personas**

Materiales: Papel, marcadores, cinta adhesiva.

Forme dos equipos con igual número de participantes, y cada joven debe seleccionar una pareja de entre su equipo. Cada equipo debe dar un zapato y alinearse en un extremo del salón. En hojas de papel escriba las siguientes partes del cuerpo: pies, hombros, rodillas, codos, cabeza y caderas. Coloque el papel en la pared opuesta a cada equipo. Cada pareja debe llevar el zapato de su equipo usando una parte diferente del cuerpo, de acuerdo al orden en la lista. La primera pareja debe usar los pies, la segunda pareja debe usar sus hombros, y así sucesivamente.

Si el zapato se cae, la pareja debe volver a levantarlo usando la parte del cuerpo que estaban usando en su turno.

DEVOCIONES BREVES

Tema: Adviento
Tiempo: 10 minutos
Tamaño del grupo: **Cualquiera**

Materiales: Biblias, mantequilla de maní (puede usar mantequilla o mermelada), pan tajado (suficiente para los asistentes), cuatro cuchillos de mesa.

Forme dos grupos y pida que cada grupo se siente en círculo. Déle a uno de los grupos dos cuchillos. Déle al otro grupo un paquete de pan tajado, dos cuchillos y la mantequilla de maní.

Diga a ambos grupos: **Preparen emparedados (sándwichs) de mantequilla de maní para todos en su grupo. ¡Empiecen!**

Uno de los grupos fácilmente preparará los emparedados. El otro grupo obviamente tendrá problemas. Tal vez se quejen de que no tienen los ingredientes esenciales, o tal vez traten de arrebatarle al otro grupo el pan y la mantequilla de maní. Tal vez el otro grupo ofrezca compartir las provisiones. Usted limítese a observar lo que ocurre.

Reúna a los dos grupos. Si el primer grupo no logró conseguir los ingredientes necesarios, indique al segundo grupo que comparta el pan y la mantequilla de maní ahora. Mientras los jóvenes comen sus emparedados, pregunte: **¿Cuál fue su primera reacción cuando les di las instrucciones respecto a lo que quería que hicieran? ¿Cómo se sintieron al estar en el grupo que no contaba con los materiales apropiados para realizar lo que se ordenó? ¿Cuáles son las consecuencias de no estar preparado? ¿Cuáles son los beneficios de estar preparado adecuadamente?**

Pida que alguien lea en voz alta Isaías 40:3-5. Pregunte: **¿Qué necesitamos hacer para estar preparados para que el Señor venga a nuestras vidas? ¿A nuestro mundo? ¿Qué nos impide estar preparados? ¿Cuáles son las consecuencias de no estar preparados?**

Pida que cada joven o señorita diga una cosa que puede hacer para preparar el camino para que Jesús venga a su vida o al mundo.

Tómense de las manos y oren: Señor, ayúdanos a preparar el camino para ti. **Ayúdanos a dedicar tiempo para prepararnos. Aquí estamos, Señor, listos para dar el primer paso. Amén**.

Tema: **Ansiedad**
Tiempo: **10 minutos**
Tamaño del grupo: **Cualquiera**

Materiales: Tocacintas listo para tocar uno de los cantos cristianos favoritos del grupo, una hoja de papel (mejor si puede conseguirlo de color) para cada persona presente, una Biblia y un cesto de basura.

Cuando los jóvenes y señoritas se hayan reunido jueguen por unos minutos a las sillas musicales, es decir, los jugadores caminan mientras toca la música, y se sientan cuando la música se detiene. Siempre hay una silla menos que participantes. Si tiene más de doce jóvenes y señoritas, tenga dos sillas menos que participantes en cada vuelta. Permita que la música suene sólo entre cinco y diez segundos antes de detenerla. Jueguen tres o cuatro vueltas rápidas. Luego pregunte: **¿Cómo se sintieron mientras esperaban que la música se detuviera? ¿Cómo se parecen esas sensaciones a la ansiedad que se siente en la vida? ¿Qué se puede hacer respecto al temor y a la ansiedad?**

Pida que alguien lea en voz alta 1 Pedro 5:6-7. Luego déle a cada persona una hoja de papel de colores. Pida que cada uno rasgue con los dedos el papel para hacer una silueta de una fuente de ansiedad en su vida. Pida que algunos voluntarios exhiban su diseño y expliquen lo que simboliza. Pida que el resto del grupo sugiera maneras en que Dios pudiera ayudar en aquellas ansiedades. Si los miembros de su grupo se conocen bien unos a otros, estimule a que cada uno participe.

Forme parejas. Lea 1 Pedro 5:6-7 de nuevo, y pida que cada joven o señorita le entregue su símbolo de papel a su compañero o compañera. Luego pida que cada persona estruje el símbolo de ansiedad de su compañero, haciéndola una bola de papel, y que luego la eche en el cesto de basura, simbolizando así cómo Dios puede eliminar nuestras ansiedades. Concluya la sesión con una oración, animando a los jóvenes a entregarle a Dios sus temores y ansiedades.

Tema: **El Cuerpo de Cristo**
Tiempo: **30 a 45 minutos**
Tamaño del grupo: **6 o más personas**

Materiales: Pañuelos o vendas para los ojos, tazones, cereal de trigo, agua y cucharas.

Lea en voz alta 1 Corintios 12:12-30 y luego diga a los jóvenes que van a realizar una tarea para ilustrar lo que dice este pasaje. Forme equipos de 6 personas. Cada miembro del equipo será una de las siguientes partes del cuerpo: 1) Ojos: no pueden usar los brazos ni hablar, pero puede susurrar a Boca y escuchar a Oído, 2) Oído: no puede usar los brazos ni hablar, pero puede susurrar a Boca y Oído, 3) Boca: no puede usar los brazos pero puede repetir solo lo que Oído le dice que haga, 4) Brazo derecho: puede usar solo su brazo derecho a órdenes de Boca, 5) Brazo izquierdo: puede usar solo el brazo izquierdo a órdenes de Boca, 6) Piernas: se coloca a gatas entre las piernas de Boca y se mueve solo cuando la Boca se lo ordena.

Instruya que el Brazo derecho, Oído y Brazo izquierdo deben entrelazar sus brazos. La Boca debe ponerse de pie detrás de Oído y tomarlo por la cintura. Vende los ojos de todos, excepto a Ojos.

Coloque el tazón, el cereal, el agua y la cuchara sobre el piso, como a cinco metros de distancia del "Cuerpo." Pida que el grupo llene el tazón con cereal y agua, y luego lleve una cucharada de cereal a Boca. Para cumplir la tarea cada persona debe cumplir el papel que se le ha asignado.

Aplauda los esfuerzos del grupo una vez que hayan completado la tarea. Luego dialoguen sobre cómo cada parte del cuerpo se sintió durante la experiencia. Lea en voz alta de nuevo 1 Corintios 12:12-30, y dialoguen sobre cómo cada parte del cuerpo es importante para el éxito del cuerpo como un todo.

Tema: **Influencia Cristiana**
Tiempo: **20 a 25 minutos**
Tamaño del grupo: **Cualquiera**

Materiales: Palomitas de maíz, sal, papel periódico, cinta adhesiva, un marcador, Biblias.

Lea en voz alta Mateo 5:13. Sirva palomitas de maíz sin sal y espere la reacción. Luego eche sal en las palomitas de maíz. Pregunte: **¿Qué** hace la sal en las palomitas de maíz? ¿Qué similitud hay entre el efecto de la sal en las palomitas de maíz y el efecto de los cristianos en el mundo? ¿En que se diferencian?

Pegue con cinta adhesiva una hoja de papel periódico en la pared, y pida que los jóvenes realicen un torbellino de ideas respecto a todas las maneras en que se usa la sal en el mundo. Luego pídales que realicen un segundo torbellino de ideas sobre los paralelos entre los usos de la sal y el papel del cuerpo de Cristo en el mundo. Pida que los jóvenes y señoritas mencionen maneras en que pueden evitar ser sal que pierde su sabor.

Tema: Navidad
Tiempo: 10 minutos
Tamaño del grupo: Cualquiera

Materiales: Un libro que indique el significado de los nombres (tal vez podría conseguir uno prestado de alguna biblioteca cercana, o de alguna persona que lo tenga). También necesitará una grabación de El Mesías de Handel que incluya el canto "Un Niño nos ha nacido," un tocacintas o tocadiscos, lápices, una hoja de papel para cada participante, una caja para las hojas de papel, y una Biblia.

Conforme los jóvenes vayan llegando indíqueles que cada uno debe escribir su nombre en un papel separado. Reúna los papeles en la caja. Saque un nombre al azar y busque lo que ese nombre significado, y léalo en voz alta. Repita el procedimiento con otros nombres.

Pregunte: **¿Cómo se sienten al oír lo que significan sus nombres? ¿Refleja ese nombre la personalidad de quien lo lleva? Si pudieras escoger un nuevo nombre, ¿cuál escogerías? ¿Por qué?**

Lea en voz alta Isaías 9:6. Explique que estos son algunos de los nombres que Dios usó para describir a Jesús, y anunciar Su nacimiento venidero. Pregunte: **¿En qué forma reflejan estos nombres la personalidad de Jesús? Si les tocara anunciar el nacimiento de Cristo, ¿qué nombres usarían para describir al Salvador que vendría?**

Explique hace más de 200 años un hombre llamado Jorge Federico Handel le puso música a este versículo de Isaías. Concluya el devocional tocando la grabación de la melodía "Un Niño nos ha nacido" de El

Mesías de Handel. Pida que los jóvenes observen una actitud de adoración mientras escuchan la música.

Tema: Iglesia
Tiempo: 10 minutos
Tamaño del grupo: Cualquiera

Materiales: Prepare una lista de alrededor de 20 lugares a donde los jóvenes concurren, tales como la escuela, el centro comercial, o el cine. Asegúrese de incluir a la iglesia en la lista. También necesita una Biblia.

Pida al grupo que responda a cada una de las afirmaciones que leerá de seguido, sea con vivas, abucheos, silbidos, y otras exclamaciones que expresen lo que sienten respecto a la afirmación que se lee. Luego lea la lista de lugares, diciendo, por ejemplo: "Hoy te toca ir al dentista," "Hoy voy a llevarte al parque de diversiones," y así por el estilo. Después de cada frase, haga una pausa para permitir la respuesta de los jóvenes.

Pregunte: **¿Qué determina lo que se siente respecto a ir a cierto lugar? ¿Tiene que ver con diversión? ¿con el aburrimiento? ¿con quiénes estarán allí?**

Pida que voluntarios lean Salmo 42:4 y Salmo 122:1 en voz alta. Luego pregunte: **¿Cómo se sentía el salmista respecto a ir a adorar a Dios? ¿Por qué piensas que se sentía así? ¿Cómo te sientes tú respecto a la iglesia? ¿Afecta a tus amigos la forma en que te sientes respecto a la iglesia? ¿a tu familia? ¿Cómo piensas que le gustaría a Dios que nos sintamos al prepararnos para venir a Su casa? Si nuestras actitudes necesitan mejorar, ¿qué cosas específicas podemos hacer para lograrlo?**

Pida que se formen en un círculo, y que cada persona eleve en voz alta una oración de una sola frase agradeciendo a Dios por las cosas o las personas de su iglesia por las cuales está agradecida.

Tema: Corazón puro
Tiempo: 10 minutos
Tamaño del grupo: Cualquiera

Materiales: Un balde con agua y tierra mezclados en lodo espeso. Haga arreglos para que el grupo se reúna puertas afuera cerca de una llave de agua. Necesita una Biblia y toallas blancas o de color claro (puede usar toallas de papel).

Reunidos afuera pida que cada persona se acerque al balde y que meta las manos en el lodo, y luego tome asiento en la hierba o en el suelo.

Pídales que guarden silencio mientras usted lee en voz alta Mateo 27:11-26. (Mientras usted lee el pasaje bíblico el lodo empezará a secarse y a fastidiarles las manos a los jóvenes.) Después de la lectura, pídales que describan cómo se siente el lodo secándose en las manos. Pida que se tomen de las manos unos con otros, y que comenten qué se siente al estrechar una mano llena de lodo. Dialoguen cómo el lodo en las manos de los jóvenes es como el pecado en sus vidas.

Pida que todos se dirijan a la llave de agua. Por turno los muchachos deben lavarse las manos. Reparta las toallas e indíqueles que deben usarla para secar las manos de otra persona del grupo. Luego pídales que comenten cómo las manos limpias se parecen a un corazón limpio.

Pídales que se tomen de las manos en un círculo mientras usted lee Hebreos 10:22-23 en voz alta.

Tema: Dudas
Tiempo: 10 minutos
Tamaño del grupo: Cualquiera
Materiales: Bolsas grandes de papel (puede usar hojas enteras de periódicos y formar las bolsas usando presillas o grapas para papel) y Biblias.

Pida que todos se sienten en el suelo, y que pongan las manos en sus cabezas con sus codos juntos frente a su cara. Coloque una bolsa de papel sobre las cabezas, brazos y parte superior del cuerpo de cada persona.

Pregunte: **¿Qué pueden ver? ¿Cómo se sienten? ¿En qué forma el estar metido en una bolsa se parece a dudar de Dios? ¿Cómo se sienten cuando dudan?**

Entonces con los dedos cada persona debe abrir agujeros pequeños en su propia bolsa, para atisbar. Pregunte: **¿Qué pueden ver ahora? ¿Qué les ayuda a avanzar más allá de las dudas?**

Pida que todos rompan sus bolsas. Pregunte: **¿Qué se siente al verse libre de la bolsa? ¿Qué cosa ayuda a abrirse paso en los momentos de duda que vienen a la vida?**

Pida que voluntarios lean en voz alta Mateo 14:22-23 y Juan 20:24-29. Pregunte: **¿Por qué dudaron los discípulos? ¿Cómo se sobrepusieron a la duda? ¿Qué cosas en nuestras vidas nos hacen experimentar duda? ¿Qué podemos aprender de estos pasajes respecto a cómo sobreponernos a la duda? ¿Qué cosas les han ayudado a sobreponerse a las dudas en sus propias vidas?**

Recalque que la duda es una cosa normal en nuestro peregrinaje de fe. Diga: **Incluso los discípulos, los amigos y seguidores más íntimos de Jesús, experimentaron dudas de vez en cuando. Pero ellos persistieron en acudir a Dios en busca de las respuestas que necesitaban.**

Concluya con oración, pidiendo a Dios que ayude a los jóvenes cuando atraviesan dudas.

Tema: **Resurrección**
Tiempo: **10 minutos**
Tamaño del grupo: **Cualquiera**

Materiales: Un huevo cocido duro y frío por cada dos miembros del grupo. Coloque los huevos en los portahuevos de modo que parezcan que todavía están crudos. También necesita una Biblia.

Forme parejas. Déle a uno de los miembros de cada pareja lo que parece ser un huevo crudo. Pida que todos salgan al patio para jugar al lanzamiento del huevo. Las parejas deben formar dos filas, mirándose de frente y separadas unos dos pasos. Pídales que lancen el huevo a su respectiva pareja, retrocediendo un paso después de cada lanzamiento. Típicamente los jóvenes se pondrán nerviosos conforme sus compañeros se separan más y más. (Sólo usted sabe que los huevos están cocidos y no se derramarán si se rompen.) Continúe con el juego hasta que algunas parejas hayan dejado caer sus huevos. Luego vuelva a reunir el grupo entero.

Pregunte a los jóvenes cómo se sentían cuando el huevo les era lanzado, y cómo esas sensaciones cambiaron cuando descubrieron que los huevos estaban duros. Luego lea en voz alta Marcos 16:1-8. Pregunte: **¿En qué forma estos huevos se parecen a la tumba que contenía el cuerpo de Jesús?**

Diga: **Una razón por la cual en algunas partes del mundo se usa el huevo como un símbolo de la resurrección, es su similitud con la tumba. Ambos están completamente sellados y de allí no se puede salir. ¡Y ambos contienen sorpresas! Ustedes probablemente pen-**

saron que los huevos estaban crudos. Los seguidores de Jesús espe-raban encontrar Su cadáver. ¡Sorpresa: Él había resucitado!

Concluya leyendo esta oración: **Señor, gracias por sorprendernos: con huevos, con amigos, con Tu amor y con Tu resurrección. Tennos siempre bajo Tu cuidado. Amén.**

Si lo desea puede preparar una ensalada con los huevos, y servirla.

Tema: **Fracaso**
Tiempo: **10 minutos**
Tamaño del grupo: **Cualquiera**

Materiales: Una venda para los ojos de cada persona. Ponga los siguientes artículos en tazones separados: ciruelas pasas, pescado seco salado cortado en trocitos, rábanos, y cebolla cortada en trocitos. En cada tazón debe haber suficiente cantidad de modo que cada persona pueda probar ese alimen-to. Mantenga los tazones escondidos o cubiertos, de modo que los jóvenes no puedan ver lo que contienen. También necesita una Biblia y caramelos o dulces.

Pida que los jóvenes se sienten en círculo. Vende los ojos de todos. Diga: **Hoy vamos a probar algo nuevo. Voy a pasar cuatro tazones con diferentes clases de alimentos. Quiero que con sus dedos tomen de cada tazón una muestra y la prueben antes de pasar el tazón a la siguiente persona a su derecha.** Indíqueles que nadie deben decir nada que pudiera indicar a los otros miembros del grupo lo que ha probado.

Después de que todos han probado (o rehusado probar) de todos los cuatro tazones, pida que se quiten las vendas de los ojos. Pregunte: **¿Cómo se sintieron al tener que realizar esta prueba? ¿Tuvieron temor o se sintieron dispuestos a probar de los alimentos? ¿Por qué? ¿Cómo se siente uno cuando alguien lo obliga por la fuerza a tratar algo nuevo? ¿Cómo se siente uno cuando trata algo y fracasa? ¿Cómo se siente uno cuando trata de hacer algo y logra éxito?**

Pida que alguien lea en voz alta Exodo 3:15; 4:1-16. Pregunte: **¿Por qué Moisés presentó tantas excusas? ¿Cómo le ayudó Dios a Moisés a bregar con su temor a fracasar? ¿Cómo logró triunfar al fin? ¿Qué clase de excusas presentan ustedes cuando alguien les pide que** traten algo nuevo? ¿Qué es lo que Dios les está pidiendo que hagan y que tienen temor de hacerlo?

Déle a cada joven un caramelo o dulce y pídales que cada uno busque una pareja. Diga: **Díganle a su compañero algo que van a tratar de hacer y que hasta aquí han tenido recelo de hacerlo por temor a fracasar. Hagan un pacto de llamarse mutuamente por teléfono durante la semana y orar el uno por el otro, sea que logre éxito o fracase en su nueva aventura. Luego entréguenle a su compañero o compañera su confite como símbolo de respaldo a sus esfuerzos.**

Tema: **Familias**
Tiempo: **10 minutos**
Tamaño del grupo: **Cualquiera**

Materiales: Una liga delgada de caucho para cada persona, y una Biblia.

Pida que el grupo forme un círculo. Distribuya las ligas. Pida que cada persona tome un extremo de la liga de la persona a su derecha. Luego pida que retrocedan gradualmente, estirando las ligas entre ellos hasta que casi estén a punto de romperse. Pida que los jóvenes mantengan esa posición.

Pregunte: **¿Qué pasaría si ustedes continúan retrocediendo? ¿Quiénes, con mayor probabilidad, recibirían el impacto de la liga al reventarse? ¿Cómo se parece esta tensión a la tensión que surge naturalmente en las familias cuando los adolescentes y jóvenes crecen y se vuelven más y más independientes?**

Diga: **Conforme crecemos y maduramos, asumimos más responsabilidad por nuestras propias vidas. Gradualmente nos separamos de nuestros padres. Si no se maneja con gentileza la separación, causará dolor a todos los involucrados.** Lea Exodo 20:12 en voz alta. Pida que los jóvenes cierren el círculo para reducir la tensión en las ligas.

Pregunte: **¿En qué forma el respeto a los padres ayuda a aliviar la tensión y el dolor de la separación? ¿Por qué piensan que la Biblia hace tanto hincapié en que respetemos a nuestros padres?**

Concluya con una oración, pidiéndole a Dios que ayude a los jóvenes a mostrar respeto por sus padres al atravesar el proceso de separación y avanzar hacia la edad adulta. Pida que cada joven y señorita se coloque la liga en la muñeca y que la lleve como recordatorio.

Tema: **Seguir a Jesús**
Tiempo: **10 minutos**
Tamaño del grupo: **Cualquiera**

Materiales: Biblias.

Forme dos grupos. Pida que cada grupo seleccione un líder que se inventará una manera estrafalaria de caminar. Por ejemplo, girar un pie hacia afuera, alzar los brazos como alas, inclinarse a un lado, hacer cierto ruido a cada paso, o combinar todo lo anterior. En algunos países este juego se llama "el primo."

Pida que los grupos formen una fila india. Cada líder, marchando a la cabeza de su grupo, les enseñará la manera de caminar que desea, y dirá: "¡Caminen así!" mientras que dirige al grupo hacia afuera del salón. Los grupos deben dar una vuelta al edificio, caminando de la manera enseñada por su líder, y luego regresar al salón. Pida que tomen asiento y que digan cómo se sintieron al caminar estrafalariamente ante otras personas.

Pida que un voluntario lea en voz alta Mateo 16:24. Pregunte: **¿De qué manera seguir al primo es como seguir a Jesús? ¿Qué diferencia hay? ¿En qué se parece lo que ustedes sintieron al caminar estrafalariamente ante otras personas a lo que sienten cuando escogen seguir a Jesús en lugar de seguir a sus amigos no cristianos?** Pida que algunos jóvenes relaten alguna ocasión específica cuando se sintieron como aislados de los demás en razón de haber escogido comportarse como cristianos.

Diga: **Ser un seguidor de Jesús no siempre es fácil. Pero siempre es lo correcto. Y siempre tiene su recompensa.** Pida que los jóvenes mencionen algunas de las recompensas que vienen cuando se sigue a Cristo, tanto inmediatas como futuras. Luego concluya con una oración, agradeciendo a Dios por la oportunidad de ser Sus seguidores y suplicando fortaleza para seguirle en toda situación.

Tema: **Perdón**

Tiempo: **10 minutos**

Tamaño del grupo: **Cualquiera**

Materiales: Cuatro baldes, cuatro cubetas de hielo, y un bocadito o golosina para cada persona en el grupo. Una Biblia.

Forme dos equipos: jóvenes y señoritas, procurando que haya un número aproximadamente igual de personas en cada equipo. Pida que cada grupo se coloque en fila india. Vacíe dos cubetas de hielo en un balde y póngalo delante de la primera persona de cada equipo. Ponga otro balde entre las piernas de la última persona en la fila.

Diga: **Vamos a hacer una competencia. Se trata de tomar uno por uno los cubos de hielo que están en el balde frente a la primera persona, y pasarlos lo más rápido posible a la persona que está detrás, en sucesión, hasta la última persona, la cual los depositará en el balde que tiene entre las piernas. Pero no se puede voltear la cabeza, sino que hay que mantener la vista siempre al frente. Sólo se puede pasar un cubo de hielo a la vez, y pasarlo por sobre la cabeza. Si alguien deja caer un cubo de hielo, debe regresarlo hasta la primera persona, pasándolo por entre sus piernas a la persona que tiene delante. Cuando ese cubo ha regresado a la primera persona, ésta entonces puede volverlo a pasar por encima de su cabeza.** Premie con los bocaditos o golosinas al equipo ganador.

Pregunte a las personas en el equipo que perdió: **¿Cómo se sintieron al ver a sus compañeros dejar caer los cubos de hielo? ¿Cómo se sintieron al ser la primera persona en la fila sin saber lo que estaba sucediendo detrás? ¿Se sintieron inclinados a disculpar a los compañeros que lo echaron todo a perder? ¿Por qué sí o por qué no?** Déle una golosina a cada miembro del equipo perdedor.

Pregunte: **¿Es ahora más fácil perdonar a los compañeros de equipo que lo echaron todo a perder? Expliquen.** Pida que un voluntario lea en voz alta Mateo 18:21-22. Pregunte: **¿Por qué algunas veces es difícil perdonar a otros? ¿Qué nos dice este pasaje respecto al perdón?**

Tome un cubo de hielo. Pida que el grupo forme un círculo. Pida que cada miembro del grupo pase el cubo de hielo a la persona a su lado, diciendo "Prometo ser un amigo perdonador" al pasarle el cubo a la persona que tiene a su derecha.

14

Tema: **Amistad**
Tiempo: **10 minutos**
Tamaño del grupo: **Cualquiera**

Materiales: Globos, un marcador, papel periódico o pizarrón y tiza (gis), cuerda, una Biblia.

Pida que el grupo realice un torbellino de ideas respecto a los "factores de amistad" (tales como paciencia, un buen sentido del humor) y compile en el papel o pizarrón una lista de esas ideas. Pídales que por votación decidan cuáles son los cinco factores más importantes, y que luego escriban cada uno de ellos en un globo inflado. Pida que el grupo se ponga de pie en círculo y que se lancen unos a otros los globos, tratando de mantenernos todos en el aire al mismo tiempo. (Si tiene más de 15 personas, haga dos juegos de globos y realice la actividad en dos grupos separados). Si un globo cae al suelo, detenga la actividad y dialoguen por unos pocos minutos cómo sería un amigo desprovisto de esa cualidad. Si el mismo globo es dejado caer más de una vez, dialoguen sobre cómo sería un amigo que carece de uno de los otros factores de la amistad.

Lea Proverbios 18:24 y Juan 15:14-15 en voz alta. Comente sobre los factores de la amistad que se señalan en esas porciones bíblicas. Anótelos en el papel o en el pizarrón y compare esa lista con la que hicieron los jóvenes previamente.

Reúna los globos y con la cuerda átelos formando un ramillete. Pida que los jóvenes cuelguen el ramillete en algún lugar apropiado del salón. Pregunte: **¿Qué piensan ustedes que este ramillete de globos debería representar para nosotros como grupo? ¿Para cada uno como individuo?** Diga: **Los amigos se sienten vacíos sin otros amigos que les ayuden a avanzar, así como nosotros mantenemos los globos en movimiento. Esforcémonos por ser la clase de amigo que Jesús es para todos nosotros.**

15

Tema: **Futuro**
Tiempo: **10 minutos**
Tamaño del grupo: **Cualquiera**

Materiales: Marcadores, una Biblia, etiquetas engomadas o tiritas de papel y cinta adhesiva. Un maní (cacahuate) con cáscara por cada persona.

Déle a cada joven dos etiquetas o dos tiritas de papel con dos pedacitos de cinta adhesiva. Pida que cada persona escriba en esa etiqueta algo que le gustaría hacer, y luego se la coloque en un brazo. Luego tomen turnos para decir lo que les gustaría hacer y por qué.

Designe un secretario y déle a esa persona más etiquetas o papeles y cinta adhesiva. Recorra de nuevo el grupo, señalando a cada persona por turno. El grupo entero debe indicar dos cosas para las que es particularmente buena la persona a quien le ha tocado el turno. El secretario debe escribir esas cosas en las etiquetas y pegárselas en los brazos a esa persona. Pida que los jóvenes indiquen por qué piensan que esa persona tiene un talento especial en los aspectos que mencionaron.

Diga: **Todos los dones y talentos son dados por Dios. Eso significa que todos los talentos son especiales, sea que se trate del talento de ser un buen jugador de básquetbol o del talento de ser un amigo leal.**

Pida que voluntarios lean en voz alta 1 Corintios 12:4-11 y Efesios 4:7-16. Luego pregunte: **¿Cómo quiere Dios que usemos nuestros dones? ¿Cuándo y por qué tenemos la tendencia de esconder nuestros talentos? ¿Cómo podemos pensar de nuestros talentos y dones como beneficiosos para escoger una carrera?**

Distribuya los maníes (cacahuates) en cáscara y pida a los jóvenes que los abran. Pregunte: **¿En qué se parece el hecho de descubrir nuestros dones y talentos a la acción de descascarar un maní?**

Diga: **Algunas veces es difícil reconocer nuestros dones y talentos. Nos sentimos comunes, así como este maní, sencillo, envuelto en una cáscara simple, descolorida. No es sino hasta que se abre un maní que se descubre que hay algo escondido dentro. Es así también con las personas. Necesitamos abrir la cáscara que nos cubre y descubrir los dones que Dios nos ha dado.**

Concluya con un círculo de oración, en el cual cada persona agradece a Dios por los dones de la persona a su izquierda.

16

Tema: **La luz de Dios**
Tiempo: **10 minutos**
Tamaño del grupo: **Cualquiera**

Materiales: Biblias, papel periódico y marcador, o pizarrón y tiza (gis), una vela y fósforos.

Llegue temprano al salón de reunión y coloque una vela en un lugar seguro, donde se pueda ver su luz al apagarse las luces, pero no notársela fácilmente con las luces encendidas. Encienda la vela. Cuando los jóvenes llegan, lean juntos Juan 1:6-13, y en el papel o en el pizarrón hagan una lista de las distracciones que hacen que la gente no le preste atención a Jesús.

Después de algunos minutos de diálogo apague las luces. Conforme los jóvenes notan la vela, pregunte: **¿Por qué no se dieron cuenta antes de que había una vela encendida en el salón? ¿En qué se parece eso al hecho de que algunas personas no se dan cuenta cuando Jesús está cerca? ¿En qué forma las distracciones que se anotaron en la lista se parecen a las otras luces en el salón? ¿Cómo podemos librarnos (o ignorar) estas distracciones, a fin de poder reconocer a Jesús y escucharle?**

17

Tema: **El amor de Dios**
Tiempo: **30 a 35 minutos**
Tamaño del grupo: **2 a 12 personas**

Materiales: Una caja pequeña o un tazón, un puñado de centavos, una moneda de cinco centavos, una venda para los ojos, un cronómetro y una Biblia.

Lea en voz alta Lucas 15:8-10 e indique a los jóvenes que van a participar en una carrera para ilustrar el amor de Dios. Eche un puñado de centavos en la caja pequeña o tazón, y luego esconda en el fondo la moneda de cinco centavos. Vende los ojos de los jóvenes, uno a la vez. Mida en el cronómetro los segundos que le lleva a cada persona encontrar la "moneda perdida" entre los centavos. Pida que la persona que halla la moneda de cinco centavos vuelva a esconderla para el siguiente buscador.

Después de que cada persona haya tenido su turno buscando la moneda, pregunte: **¿Cómo se sentían al buscar la moneda perdida? ¿Por qué piensan que Dios nos valora lo suficiente como para buscarnos** entre las masas? ¿Creen que Él los ama tanto así? ¿Por qué sí o por qué no?

18 Tema: **Carácter cristiano**
Tiempo: **30 a 35 minutos**
Tamaño del grupo: **Cualquiera**

Materiales: Un buen número de ejemplares de revistas viejas, cuerda o hilo, colgadores de ropa, y una Biblia.

Lea en voz alta 1 Corintios 13:4-7 y Gálatas 5:22-23. Pida que los jóvenes usen las revistas para hallar cuadros de personas en situaciones que ilustren las características mencionadas en los pasajes bíblicos leídos. Luego pídales que usen los colgadores de ropa, la cuerda y los cuadros para hacer un arte móvil personal. Diga: **Empezando en la parte superior de su arte móvil, cada persona debe colocar el cuadro de la característica que le parece que mejor le representa. Continuando hacia abajo deben colgar sucesivamente con cuerda diversos cuadros, hasta colocar en la parte más baja del arte la característica más débil.**

Cuando hayan concluido pida que cada uno explique su composición artística. Para cada obra de arte pida que el grupo sugiera otras cualidades positivas que el joven o señorita tal vez haya pasado por alto. Cuando se hayan presentado todas las obras artísticas móviles, repase una por una las características y pida que los jóvenes mencionen cosas que las personas pueden hacer para fortalecer en sus vidas esa característica en particular.

19 Tema: **Graduación**
Tiempo: **10 minutos**
Tamaño del grupo: **Cualquiera**

Materiales: Un trozo de plastilina para cada persona. Biblias.

Distribuya un trozo de plastilina a cada persona. Indique que cada persona debe pensar en lo que le gustaría ser algún día, y luego usar la plastilina para modelar algo que representa su meta. Por ejemplo, si alguien quisiera ser un electricista, pudiera modelar con la plastilina un poste o un pedazo de cable.

Mientras los muchachos y muchachas trabajan, circule entre ellos y arruine sus creaciones. Puede pretender que lo hace accidental o intencionalmente. Antes de que los muchachos tengan la oportunidad de reparar el daño, pida que muestren sus modelos estropeados. Luego pregunte: **¿Cómo te sentiste cuando yo arruiné lo que estabas haciendo? ¿Qué hiciste? ¿Cómo se asemeja esa experiencia a la de toparnos con personas o circunstancias que nos impiden lograr o hacer exactamente lo que queremos?**

Pida que los jóvenes lean Filipenses 3:13-14. Pregunte: **¿En que se asemeja tu persistencia en hacer el modelo que estabas haciendo a lo que Pablo dice que debemos hacer? ¿En qué forma se relaciona este pasaje a la graduación?**

Lea en voz alta Filipenses 3:13-14 de nuevo. Luego pídales que hagan algo nuevo y diferente con la plastilina, que represente la recompensa que están esforzándose por alcanzar como cristianos. Pida que muestren sus creaciones y expliquen.

Diga: **La graduación es una cosa muy importante en la vida de una persona. Pero hay una meta mucho más alta y mucho más importante hacia la cual esforzarse. Y Dios está allí para ayudarnos, si dependemos de Él.**

Pida que los jóvenes oren por las personas que se gradúan, pidiendo a Dios que les ayude a mantener su mente fija en servirle y en buscar el premio del que Pablo escribió en Filipenses 3:13-14.

Tema: **Esperanza**
Tiempo: **10 minutos**
Tamaño del grupo: **Cualquiera**

Materiales: Una botella vacía de bebida carbonatada (soda), un balde, dos jarras opacas con agua, una jarra opaca llena de confeti o papel periódico cortado en pedacitos, una Biblia.

Pida dos ayudantes voluntarios. Coloque la botella de soda vacía en un balde. Pida que los dos ayudantes se turnen para pararse en una silla e intentar vaciar el agua de las jarras dentro de la botella que está abajo.

Ahora pida que un voluntario se siente en una silla. Pida que otro ayudante sostenga la botella encima de la cabeza del voluntario, y que éste mire hacia arriba. Párese en una silla junto al voluntario, y explique que aun cuando usted nunca lo ha practicado, quiere ser el que llena la botella en esta vez. Deténgase y pregunte a los jóvenes qué esperanza tiene el voluntario en esa situación. Después de que los jóvenes respondan, realice el espectáculo de derramar la jarra de confeti sobre el voluntario.

Pida que alguien lea en voz alta Romanos 5:1-5. Hable acerca de cómo las situaciones arduas pueden enseñarnos a tener esperanza. Diga: **Cada vez que Dios nos ayuda a salir de un problema, aprendemos a confiar más en Él. Entonces es más fácil creer que Él nos cuidará en la próxima dificultad que se atraviese en nuestro camino.**

Pida que el voluntario diga cómo se sintió justo antes de que le cayera encima el confeti. Pida que los jóvenes digan qué les da esperanza cuando atraviesan dificultades. Diga: **Cuando enfrentamos una situación ardua es difícil ver el cuadro completo. Dios tiene opciones y alternativas en las que nosotros jamás hemos pensado. Poner en Él nuestra confianza nos da esperanza.**

Concluya con una oración de agradecimiento por la manera en que Dios resuelve las cosas en nuestras vidas.

Tema: **Incluir a otros**
Tiempo: **10 minutos**
Tamaño del grupo: **Cualquiera**

Materiales: Biblias.

Pida que un voluntario salga del salón. Con los jóvenes restantes forme dos grupos y pídales que se dirijan a extremos opuestos del salón.

Instruya a uno de los grupos que formen un círculo apretado, mirando hacia dentro, y que tienen que hacer todo lo posible para impedir que el voluntario entre al círculo. El otro grupo formará un círculo mirando hacia afuera, y le darán una calurosa bienvenida al voluntario cuando entre.

Antes de pedir que el voluntario vuelva a entrar al salón, instrúyale que debe tratar de entrar en ambos grupos. Después de que haya logrado entrar con éxito en el círculo que miraba hacia afuera, pregunte: **¿Qué sentiste al ser la persona que trataba de entrar en estos grupos? ¿Qué sintieron ustedes que estuvieron en el grupo que no quería dejar entrar a la otra persona? ¿En qué forma se asemeja la actitud del grupo que mira hacia adentro a las actitudes que algunas veces nosotros mostramos hacia otros?**

Lea en voz alta Gálatas 3:26-28, y luego pregunte: **De acuerdo con este pasaje bíblico, ¿cómo deberíamos tratarnos unos a otros? ¿Por qué algunas veces es difícil incluir a otros que son diferentes? ¿Qué** podemos hacer para actuar más como el grupo que mira hacia afuera? ¿Cómo podemos ser más sensibles respecto a otras personas que parece que no están dispuestas a acoplarse con el grupo?

Pida que los jóvenes formen un círculo y coloquen los brazos sobre los hombros de la otra persona. Guíe en oración, pidiendo a Dios que ayude a los muchachos y muchachas a ser más sensibles los unos con los otros, incluyéndolos en sus círculos en lugar de dejarlos fuera.

22 Tema: **Liderazgo**
Tiempo: **35 a 40 minutos**
Tamaño del grupo: **Cualquiera**

Materiales: Instrucciones escritas para cada segmento del programa, Biblias.

Con anterioridad a la reunión prepare instrucciones escritas en papeles individuales, para los diferentes segmentos de la reunión, tales como "escoger los cantos y dirigirlos," "empezar con oración," "seleccionar los pasajes bíblicos para leer," y "ofrecer unos cuantos pensamientos sobre las maneras en que podemos guiar a otros en la vida diaria."

Entregue las hojas con instrucciones a algunos de los jóvenes conforme van llegando. Conceda unos pocos minutos para que organicen sus pensamientos y decidan el orden de la reunión. Luego dé comienzo a la reunión, y señale el tiempo en que debe concluir. Mientras se desarrolla el programa observe, pero no dirija. Si es necesario, salga del salón, para permitir que los jóvenes se sientan con mayor confianza.

Al concluir el programa dirigido por los jóvenes pida que indiquen cómo se sintieron al dirigir la reunión. Dialoguen sobre cómo esta experiencia es similar al liderazgo en situaciones diarias.

23

Tema: **Amor**
Tiempo: **10 minutos**
Tamaño del grupo: **Cualquiera**

Materiales: Prepare una lista de cosas por las cuales los jóvenes estarían dispuestos a arriesgar algo. Incluya asuntos y objetos que ameritarían correr grandes riesgos y o correr riesgos menores, tales como un amigo, un enemigo, una bicicleta, un hermano o hermana, buena salud, una buena calificación escolar, y un emparedado de atún. Prepare cuatro rótulos indicando lo que los jóvenes estarían dispuestos a arriesgar por alcanzar los objetos en la lista. Ponga una de las siguientes frases en cada rótulo: "Mi vida," "Todo lo que tengo," "Mi mascota," "Las envolturas de mis caramelos." También se necesitan Biblias.

Coloque en cada pared del salón uno de los rótulos. Indique que usted va a leer una lista de asuntos y artículos diversos, y que cada joven y señorita debe colocarse junto al rótulo que representa lo máximo que estaría dispuesto a arriesgar por el asunto que se mencione. Por ejemplo, un joven pudiera estar dispuesto a arriesgar su vida por un amigo, pero sólo las envolturas de los caramelos por el emparedado de atún. Después de que ha recorrido toda su lista vuelva a reunir al grupo entero.

Diga: **Las cosas por las cuales una persona está dispuesta a arriesgar más, son las cosas que más quiere. ¿Están de acuerdo o en desacuerdo?**

Pida que personas voluntarias lean en voz alta Juan 15:13-14 y Romanos 5:8. Diga: **Lo que más ama Jesús son las personas. ¿Qué arriesgó Él por nosotros? ¿Qué estás tú dispuesto a arriesgar por Él?**

Concluya pidiendo que el grupo lea Romanos 5:8 al unísono. Luego diga: **Jesús mostró Su amor muriendo por nosotros. ¡Mostrémosle nuestro amor viviendo por Él!**

24

Tema: **Amar a los enemigos**
Tiempo: **10 minutos**
Tamaño del grupo: **Cualquiera**

Materiales: Papel, lápices, un cesto de basura, una Biblia.

Forme parejas y déles el papel y los lápices para que jueguen el juego de "Tres en Raya" (Lo llaman "el gato" en algunos países). Pero indique que habrá una variación: **Ambos jugadores deben tratar de que ganen las cruces. Si las cruces ganan, ambos jugadores ganan, incluso el que estaba marcando con un círculo.** Pida que jueguen una vez, y que luego cambien las marcas y jueguen una segunda vez. Luego pregunte: **¿Qué se siente cuando se ayuda a que la otra persona gane? ¿Qué se siente cuando ambas personas ganan? ¿En que forma es este sistema diferente a la manera en que se juega usualmente este juego?**

Pida que alguien lea en voz alta Lucas 6:32-36. Luego pregunte: **¿En qué se parece lo que acabamos de hacer con el juego de Tres en Raya a lo que Jesús quiere que hagamos en la vida real? ¿Quiénes son nuestros enemigos?** Pida que cada pareja anote en su papel algunas personas que tal vez consideren como enemigos. Instruya que cada persona, en cada pareja, debe tratar de sugerir a la otra cómo ésta podría mostrar el amor de Jesús a los enemigos mencionados.

Pida que cada pareja rompa las hojas de papel por la mitad, y le dé una mitad a la otra persona. Luego pida que cada pareja, por turno, estruje el papel convirtiéndolo en una bola y echándolo en el cesto de basura, mientras dicen: "Debido al amor de Dios, nosotros podemos mostrar amor a nuestros enemigos."

Tema: **Materialismo**
Tiempo: **10 minutos**
Tamaño del grupo: **Cualquiera**

Materiales: Dos montones de periódicos viejos, un marcador y papel periódico, o pizarrón y tiza (gis), y una Biblia.

Forme dos equipos. Déle a cada equipo un montón de periódicos. Pida que cada equipo se coloque en un extremo opuesto del salón, e indíqueles que deben hacer tantas bolas de papel como puedan en dos minutos. Cuando hayan transcurrido los dos minutos, diga: **Ahora quiero que protejan sus propias bolas de papel, mientras que tratan de robarse las del otro equipo. ¿Listos? ¡Empiecen!** Después de unos pocos minutos detenga la actividad.

Pregunte: **¿Qué sintieron al tratar de hacer tantas bolas de papel como les era posible? ¿Qué sintieron al tratar de proteger su montón de bolas y al mismo tiempo tratar de robarse las del otro equipo? ¿En qué se parece esto a la manera en que algunas veces tratamos de acumular más y más cosas materiales?**

Diga: **Es fácil caer en la trampa de querer más y más cosas. Puede tratarse de discos compactos o ropa. ¿Qué otras cosas les gusta tener?**

Anote las ideas en el papel o en el pizarrón. Luego pida que un voluntario lea en voz alta Hebreos 13:5. Pregunte: **¿Qué nos dice este pasaje respecto a nuestro estilo de vida cuando siempre tratamos de acumular más y más cosas? ¿De qué otras maneras podemos hallar contentamiento?**

Concluya con una oración similar a esta: **Gracias Dios, por . . .** (pida que cada persona, por turno, en el grupo, diga una cosa por la cual está agradecido.) **Ayúdanos a no ser codiciosos y querer más cosas, sino más bien a estar contentos con lo que tenemos. Amén.**

Tema: **Misiones**
Tiempo: **10 minutos**
Tamaño del grupo: **Cualquiera**

Materiales: Golosinas y Biblias

Forme dos grupos. Pida que uno de los grupos tome asiento en el centro del salón. Instruya al otro grupo a que se divida en cuatro subgrupos y se coloquen en las esquinas del salón. Distribuya las golosinas sólo al grupo que está en medio del salón. Tome asiento y converse con ellos mientras se comen las golosinas, mientras que los grupos en las esquinas observan. Después de unos cinco minutos, reúna de nuevo al grupo entero.

Las personas que estaban en el grupo en el centro deben comentar respecto a lo qué sintieron al estar comiendo mientras que los demás grupos sólo los observaban. Las personas en los grupos que estaban en las esquinas deben indicar qué sintieron al verse excluidos de las golosinas y de la conversación. Pregunte: **¿En qué forma ilustra esto la relación entre los creyentes y las personas que no conocen a Cristo?**

Pida que alguien lea en voz alta Mateo 28:18-20 y Santiago 2:14-17. Luego pida que las personas que estaban en el grupo del medio repartan golosinas a los que habían estado en las esquinas. Pregunte: **¿Cuál es nuestra responsabilidad hacia las personas que no conocen a Jesucristo? ¿Cuál es nuestra responsabilidad, como cristianos, hacia las personas a quienes les falta el pan diario y las cosas indispensables para la vida? ¿Qué pudiéramos hacer, como grupo, para suplir esas necesidades?**

Pida que los jóvenes decidan, por votación, una cosa que como grupo pudieran hacer en respuesta al mandamiento de Jesús. Concluya con oraciones de una sola frase, a favor de los necesitados.

 Tema: **Nuevo año escolar**
Tiempo: **10 minutos**
Tamaño del grupo: **Cualquiera**

Materiales: Lápices y Biblias. Prepare un examen breve pero muy difícil respecto a algunas de las doctrinas o pasajes bíblicos que el grupo haya estado estudiando recientemente, y saque copias suficientes para los asistentes.

Sin ninguna advertencia previa déle a cada joven una copia del examen que ha preparado. Dígales que usted desea ayudarles a prepararse para rendir exámenes, puesto que pronto tendrán que rendirlos de nuevo en sus estudios. Ignore las quejas y dígales que rindan el examen. Conceda unos pocos minutos para que traten de contestarlo. No se moleste por recoger ni revisar las pruebas. Simplemente pregunte: **¿Qué** se siente al no estar preparado para rendir un examen como este? ¿Qué podrían haber hecho ustedes para estar mejor preparados?

Lea en voz alta 1 Pedro 3:15-16. Pregunte: **¿En qué se parece el hecho de hablarle a alguien de Jesucristo al hecho de estar listo para rendir un examen?** Diga: **Dios no espera que cada persona sea un teólogo, pero sí quiere que estemos listos para contarles a otros lo que significa nuestra fe. Y Él puede hacer que se cruce en nuestro camino alguien que siente curiosidad acerca de la fe cristiana. Al empezar el nuevo año escolar, piensa en lo que podrías decir si alguien te hace alguna pregunta acerca de tu fe.**

Forme parejas, y conceda un minuto para que cada persona, por turno, le cuente a la otra lo que significa su fe. Después de que ambas personas han dicho su parte, pregunte: **¿Es difícil hablarle a otra persona acerca de la fe? ¿Por qué? ¿Cómo podrías estar más preparado para hablarle a alguien que se interesa en lo que crees?**

Tema: Padres
Tiempo: 10 minutos
Tamaño del grupo: Cualquiera

Materiales: Globos sin inflar, alfileres, notas adhesivas (puede usar tiras de papel y cinta adhesiva), marcadores, una Biblia.

Conforme vayan llegando los jóvenes déle a cada uno un alfiler y un globo. Reúnalos en un círculo. Pídales que mencionen algunas de las cosas hirientes o irrespetuosas que algunas veces les dicen a los padres. Cada persona debe insertar el alfiler en su propio globo cada vez que alguien menciona alguna cosa que indica falta de respeto. Después de que todos haya contribuido al diálogo, pida que inflen los globos.

Después de unos pocos momentos, pregunte: **¿Hay alguna posibilidad, aunque sea remota, de que pudieran inflar los globos? ¿Por qué no? ¿Cómo afectan las palabras descomedidas a una relación? ¿En qué se asemeja el hecho de decir cosas irrespetuosas a los padres al hecho de perforar el globo con alfileres?**

Lea en voz alta Efesios 6:1-3. Pida que los jóvenes indiquen maneras en que pueden mostrar respeto y honrar a sus padres. Dialoguen en cuanto a por qué Jesús quiere que ellos amen a sus padres y madres.

Distribuya las notas adhesivas y los marcadores. Pida que escriban en ellas notas de afirmación y cariño para sus padres. Por ejemplo, una nota podría decir: "Que tengas un buen día, mamá. Te quiero mucho."

Anime a cada persona a escribir por lo menos tres notas a cada uno de los padres. Explique que deben llevar las notas a casa y colocarlas en diferentes lugares el Día de la Madre o el Día del Padre, como una demostración de respeto y cariño.

Pida que se sienten en círculo y que cada persona lea una de sus notas para cada padre. Concluya con oración, pidiendo la ayuda de Dios para evitar las palabras hirientes, a fin de no lastimar la relación con los padres.

29 Tema: **Influencia de iguales**
Tiempo: **10 minutos**
Tamaño del grupo: **5 o más personas**

Materiales: Una bolsa con moldes para galletas y una cruz, y una Biblia.

Pida que tres voluntarios salgan del salón. Forme con el resto del grupo dos equipos y pídales que se sienten en esquinas opuestas del salón. Explique que cada equipo tratará de lograr que los voluntarios se les unan y tomen asiento con ellos en su esquina. Sin embargo, los miembros del equipo no deben dejar sus asientos, sino que deben decirles a los voluntarios por qué quieren que se unan a su equipo. Pida que los voluntarios regresen al salón, uno por uno, y pídales que tomen asiento.

Después que los dos voluntarios hayan tomado asiento en alguno de los grupos, lea en voz alta Romanos 12:2. Pregunte a los voluntarios: **¿Qué sentiste cuando te viste en la necesidad de decidir a cuál grupo unirte? ¿En qué se parece esta presión a la vida real, cuando diferentes personas tratan de influir en tus decisiones? ¿Cómo decidiste qué hacer? ¿De qué maneras trata el mundo de influir a los cristianos a "unirse al grupo"?**

Realice un torbellino de ideas que ayudarían a los cristianos a resistir la tentación de conformarse a las normas del mundo.

Tome de la bolsa y exhiba varios de los moldes para galletas. Explique que el mundo trata de conformar a los jóvenes y señoritas de modo que encajen en su molde. Luego tome la cruz. Explique que al seguir a Cristo podemos librarnos de las influencias nocivas de nuestros iguales y de nuestro mundo. Así, en lugar de conformarnos al mundo, podemos transformarlo. Ore pidiendo la ayuda de Dios para hacer esto.

Tema: Prioridades
Tiempo: 10 minutos
Tamaño del grupo: Cualquiera

Materiales: Papel periódico y marcadores, cinta adhesiva, una Biblia.

Coloque con cinta adhesiva una hoja de papel periódico en cada esquina del salón de reuniones. En cada hoja escriba uno de los siguientes títulos: Cosas materiales, Relaciones sociales, Fortaleza mental y Capacidad física. Coloque una Biblia en el centro del salón y ábrala en Romanos 6:6-11. Distribuya los marcadores y pida que cada persona escriba un ejemplo de cada categoría debajo del título respectivo. Lea luego en voz alta el pasaje de Romanos, y diga a los jóvenes que el centro del salón representa el objetivo que Dios ha fijado para nosotros, de ser vivificados en Cristo.

Lea las respuestas de los jóvenes, y luego pida que cada persona escoja un lugar del salón en donde colocarse, y que refleje mejor las prioridades en su vida. Por ejemplo, un atleta pudiera colocarse cerca de la esquina de capacidad física, en tanto que un estudiante sobresaliente pudiera tal vez escoger la esquina de Fortaleza mental. Lea en voz alta de nuevo Romanos 6:6-11 y dialogue con los jóvenes sobre cómo el pasaje se aplica a las prioridades en sus vidas. Pida luego que los jóvenes realicen un torbellino de ideas respecto a maneras en las cuales podría acercarse más al ideal de Dios (el centro del salón) y alejarse de las prioridades equivocadas.

Tema: Descanso
Tiempo: 10 minutos
Tamaño del grupo: Cualquiera

Materiales: Papel, lápices y Biblias.

Dirija al grupo en cinco minutos de ejercicios calisténicos continuos. No permita que nadie descanse (excepto en caso de riesgo de salud). Indique bien fuerte y bien claro los ejercicios a realizarse, como por ejemplo, trotar en el propio terreno, 25 sentadillas, 15 lagartijas, 30 brincos en el propio terreno, y dar la vuelta al salón dos veces trotando.

Continúe con otros ejercicios vigorosos hasta que hayan transcurrido los cinco minutos y los jóvenes se hallen obviamente cansados.

Luego instruya al grupo a que suspenda los ejercicios, y pregunte: **¿Qué se siente al tener que hacer ejercicios extenuantes sin detenerse? ¿Qué pasaría si los tuviera haciendo estos ejercicios por una hora completa? ¿Por qué es importante descansar?**

Pida que alguien lea en voz alta Marcos 6:31 y Mateo 14:22-23. Luego pregunte: **¿Qué hizo Jesús en estos dos pasajes? ¿Por qué? ¿Cuán importante es descansar? ¿Cómo podemos descansar nuestras mentes y nuestros cuerpos? ¿Por qué algunas veces nos obligamos a seguir en lugar de darnos tiempo para descansar? ¿Cómo descansas tú?**

Déle a cada joven una hoja de papel y un lápiz. Pida que anoten una manera en la cual descansarán sus cuerpos y sus mentes esta semana.

Forme grupos de tres personas. Pida que cada uno le diga a su grupo cómo planean darse tiempo para descansar esta semana. Luego pida que los grupos concluyan en oración, pidiendo la ayuda de Dios para darse tiempo para descansar y reposar.

Tema: Imagen propia
Tiempo: 10 minutos
Tamaño del grupo: Cualquiera

Materiales: Biblias, dos espejos, un tazón de agua jabonosa.

Cubra la superficie de uno de los espejos con agua jabonosa. Páselo de mano en mano y pida a los jóvenes que se miren en él. Pregunte: **¿Qué es lo que ves? ¿Cuando te miras en el espejo, qué pensamientos y sensaciones te vienen respecto a ti mismo? ¿Cómo pueden esas sensaciones distorsionar tu propia imagen de la manera en que el agua jabonosa distorsiona tu imagen física? ¿Qué cosa distorsiona la imagen que tenemos de otras personas?**

Pase de mano en mano de nuevo el espejo cubierto con jabón, y luego pase el espejo limpio. Lea en voz alta 1 Corintios 13:12. Pregunte: **¿Qué ve Dios cuando nos mira? ¿Cómo podemos aprender a vernos en la manera en que Dios nos ve?** Indique a los jóvenes que quiere que cada uno grite su propio nombre cuando usted cuente tres. Después del clamor, lea Isaías 43:1 en voz alta. Diga: **¡Dios sabe tu nombre! Dios te ama.**

Pida que los jóvenes, uno por uno en el círculo, lean en voz alta los versículos del Salmo 139. Cuando lleguen a las palabras "mí" o "yo" deben sustituirlas colocando en su lugar su propio nombre.

Tema: Sexualidad
Tiempo: 10 minutos (40 minutos)
Tamaño del grupo: Cualquiera

Materiales: Invite a una persona que sepa hacer galletas, y pídale que traiga una copia de su receta favorita de galletas, y los utensilios e ingredientes para prepararla. Biblias. (Si lo desea y es posible, consiga acceso a un horno, y permita que el grupo termine de hacer las galletas después del momento devocional.)

Prepare y aliste sobre una mesa la receta para galletas, los ingredientes y los utensilios necesarios. Pida que los jóvenes seleccionen personas que sirvan como el que mide, el que mezcla, y el que come. Diga: **Se trata de una carrera contra reloj para preparar las galletas. Trabajen de prisa, pero traten de hacerlo todo con suficiente precisión. Les indicaré cuando el tiempo se les acabó.**

Pida que se detengan después de que han medido y mezclado unos pocos ingredientes, pero mientras que la mezcla todavía es horrible para comer. Pida que el que come pruebe un poco de la mezcla e informe cómo sabe. Diga: **Sé que no hemos tenido el tiempo suficiente para poner todos los ingredientes, pero, vaya, tenemos todos los ingredientes necesarios para hacer galletas, ¿verdad?** (Haga una pausa) **En realidad no. Necesitamos más tiempo para hacerlo todo bien.**

Pida que alguien lea Eclesiastés 3:1 y 1 Tesalonicenses 4:3-8, en voz alta. Diga: **Dios nos ha equipado para que seamos seres con capacidad sexual, pero el simple hecho de tener todos los ingredientes necesarios no quiere decir que el tiempo siempre es apropiado.** Pregunte por qué Dios ha establecido tantas pautas y regulaciones para la conducta sexual. Dirija al grupo a dialogar sobre las ventajas de reservar las relaciones sexuales para el matrimonio. Diga: **Dios ha dado reglas bien claras, y los que deciden quebrantarlas usualmente terminan pagando un alto precio.** Retorne a los ingredientes para galletas. Diga: **Estas galletas son las favoritas de la persona a quien hemos** invitado hoy. Ella puede decirles por experiencia que los ingredientes apropiados y el tiempo apropiado hacen una gigantesca diferencia en el resultado. Dios sabe mejor que nadie cómo funcionan las relaciones. Podemos confiar en su dirección, puesto que hay sabiduría en esperar.

Deje que los jóvenes continúen haciendo las galletas, bajo la dirección de la persona que invitó. Hornéelas si es posible, y luego repártalas al grupo para ayudarles a descubrir el valor de esperar.

 Tema: **Hablar de Cristo**
Tiempo: **10 minutos**
Tamaño del grupo: **Cualquiera**

Materiales: Traiga alguna golosina muy apetitosa, como por ejemplo un pastel hermosamente decorado, o una "pizza" todavía caliente. También se necesitan tiras de papel, lápices, un sombrero viejo y una Biblia.

Conforme los jóvenes y señoritas vayan llegando pida que cada uno escriba su nombre en una tira de papel y que lo eche en el sombrero. Pida luego que se sienten en círculo. Exhiba el alimento que trajo, y diga: **Alguna persona con suerte va a ganarse todo este apetitoso alimento. Voy a sacar un nombre del sombrero. La persona cuyo nombre salga, se lo lleva.**

Pida que los jóvenes toquen sobre sus rodillas el redoble de tambor mientras que usted con gran ceremonia y alarde saca el nombre del sombrero. Coloque el alimento sobre las rodillas de la persona. Luego tome asiento en el círculo, y quédese mirando fijamente al ganador, indicándoles con señas a todos a que hagan lo mismo. Cuando el ganador ofrece compartir el premio, déle un gran aplauso. (Si el ganador no se anima a compartirlo, susúrrele muy alto en el oído que es tiempo de compartir la comida).

Mientras todos comen, pregunte al grupo: **¿Qué sintieron al no ser ganadores? ¿Qué esperaban que ocurriera? ¿Cómo se hubieran sentido si** (nombre del ganador) **nunca hubiera decidido compartir el premio?** Pregúntele al ganador: **¿Cómo te sentiste al ganar? ¿Cómo te sentiste cuando todo mundo se quedó mirándote con expectación? ¿Qué hizo que decidieras compartir la comida?**

Lea en voz alta Hechos 4:18-20. Pregunte: **¿En qué se parece el hecho de Pedro y Juan hablaran de Jesús al hecho de que** (nombre del ganador) **nos diera un poco de lo que ganó? ¿Qué los motivó a hablar de Jesús? ¿En que se asemejaría el guardarse toda la comida para uno mismo con el hecho de no hablar de las buenas nuevas de Jesús?**

Diga: **Algunas cosas son demasiado buenas como para guardárnoslas para nosotros solos. Busquen esta semana maneras en que pueden hablar a otros de las buenas nuevas de Jesucristo.**

Tema: **Pecado**
Tiempo: **10 minutos**
Tamaño del grupo: **Cualquiera**

Materiales: Un periódico, una toalla húmeda (blanca), y una Biblia.

Pida que los jóvenes formen parejas. Déle a cada pareja una sección del periódico. Pida que uno de los jóvenes sostenga el periódico sobre el piso mientras que el otro frota sus manos sobre dicho periódico, con las palmas hacia abajo. Luego los jóvenes deben cambiar de papeles.

Pida que los jóvenes se miren las manos. Pregunte: **¿En qué manera las manchas de tinta en sus manos se parecen al pecado?**

Lea en voz alta Romanos 3:23. Pregunte: **¿Qué se siente al mirarse las manos manchadas? ¿De qué forma las manchas de tinta en sus manos se parecen o se diferencian del efecto real del pecado en nosotros?**

Lea en voz alta 2 Corintios 5:21. Diga: **Esta toalla representa a Jesús. Al tomar la toalla en sus manos, para limpiárselas, recuerden que Jesús también viene a sus vidas, para limpiar de ella las manchas del pecado.**

Pase la toalla húmeda a los jóvenes, indicándoles que cada uno, por turno, debe limpiarse las manos en la toalla.

Después tome de nuevo la toalla, y levántela para que todos puedan ver las manchas y suciedad en ella. Ore: **Gracias, Señor Jesús, por morir por nuestros pecados. Gracias por amarnos y perdonarnos. Amén.**

36

Tema: **Armadura espiritual**
Tiempo: **25 a 30 minutos**
Tamaño del grupo: **2 o más personas**

Materiales: Cartón delgado, bolsas de papel, tijeras, cuerda o piola, y Biblias.

Lea en voz alta Efesios 6:10-18. Usando cartón delgado o bolsas de papel, cuerda o hilo y tijeras, pida que cada persona fabrique su propia armadura. Indique que cada persona debe dejar faltando una pieza de la armadura.

Una vez que todos se han colocado su propia armadura use pedazos de papel para hacer bolas, como si fueran "piedras." Déle a cada joven cinco piedras. Forme parejas. Pida que cada persona trate de lanzar una "piedra" a la otra persona, acertándole en algún punto desprotegido, pero a la vez protegiéndose para no recibir un impacto en algún punto desprotegido.

Una vez que cada uno ha recibido un golpe en su punto vulnerable reúna de nuevo al grupo entero. Pregunte: **¿Se sintieron seguros en su armadura? ¿Por qué sí o por qué no? ¿Qué áreas son las más vulnerables al ataque? Expliquen.**

Lea de nuevo el pasaje de Efesios en voz alta, y luego pregunte: **¿En qué se parece esta armadura de papel y cartón a la armadura a la que Pablo se refiere? ¿De qué manera una armadura completa da seguridad contra un ataque? ¿Qué ocurre cuando falta alguna pieza de la armadura espiritual?**

Forme grupos de cuatro personas y asigne a cada grupo un artículo diferente de la armadura espiritual. Pida que cada grupo lea lo que el pasaje dice respecto a la parte de la armadura que le fue asignada, y que luego explique al grupo entero por qué es importante esa pieza de la armadura, y cómo los muchachos y muchachas pueden saber que esa parte de la armadura está en su lugar en sus vidas.

37

Tema: **Mayordomía**
Tiempo: **10 minutos**
Tamaño del grupo: **Cualquiera**

Materiales: Biblias y plastilina.

Forme cuatro grupos, y distribuya entre ellos la plastilina. Diga: **Esta plastilina es mía, pero se la voy a prestar a ustedes por unos pocos minutos. Pueden hacer con ella lo que quieran. Tomen su decisión como grupo, y luego pónganse a trabajar.**

Después de unos pocos minutos, reúna de nuevo a todos, y pida que cada grupo indique lo que decidieron hacer con la plastilina y por qué.

Diga: **Las personas reaccionan en forma diferente a las oportunidades. Veamos cómo Dios ve las oportunidades.**

Pida que alguien lea Salmo 24:1 y Mateo 25:14-30 en voz alta. Dialogue sobre la perspectiva de Dios respecto a lo que Él les ha dado a las personas, y cómo deben responder.

Tome las figuras de plastilina de cada grupo y póngalas en la mesa o escritorio, donde todos puedan verlas. Señale uno o más ejemplos de las figuras que se hicieron con la plastilina. Diga: **A cada uno Dios nos ha dado talentos, capacidades, y recursos para usar y desarrollar. Piensen en algo que Dios les ha dado. Luego comprométanse a invertir eso en el reino de Dios durante la siguiente semana.**

Concluya con una oración, pidiendo que Dios bendiga a los jóvenes y señoritas mientras ellos usan sus dones para la gloria de Dios.

38

Tema: **Estrés**
Tiempo: **10 minutos**
Tamaño del grupo: **Cualquiera**

Materiales: Una cuerda para una competencia de Tira y Afloja, y Biblias.

Pida que un voluntario sostenga el punto medio de la cuerda en la competencia. Pida que el voluntario indique lo que hace en una semana típica. Cada vez que menciona una actividad, añada una persona a cada extremo de la cuerda, en forma alterna para haya igual número de personas en cada lado de la cuerda. Inclúyase usted si es necesario, para que haya un número parejo. Cuando todos estén sujetando la cuerda, empiece la competencia. La tarea del voluntario es aferrarse a la cuerda y tratar de conservar el equilibrio.

Pregunte al voluntario: **¿En qué forma esta experiencia se parece a lo que ocurre en la vida real? ¿Cómo reaccionas al sentir el tirón de la escuela, la iglesia, la familia y los amigos, en todas direcciones? ¿Cómo puedes lograr controlar tu vida?**

Pida que tres voluntarios lean en voz alta Exodo 20:8-11, Salmo 37:3-5 y Mateo 6:25-34. Pregunte: **¿Cuál es la receta de Dios para lograr asumir el control de nuestras vidas? ¿Por qué es esto importante? ¿Qué puedes aprender de estos pasajes que podría ayudarte a reducir el estrés?**

Pida que cada persona forme pareja con alguien. En cada pareja, pida que cada persona concluya la siguiente frase: "La próxima vez que me sienta bajo estrés o presión, voy a . . . ." Concluya con una oración pidiendo que Dios ayude a los jóvenes a mantener un equilibrio saludable en sus vidas.

39

Tema: **Vacaciones**
Tiempo: **10 minutos**
Tamaño del grupo: **Cualquiera**

Materiales: Goma de mascar para un tercio de los jóvenes que asisten, y silbatos de hojalata para otro tercio. Una Biblia.

Forme tres grupos. Distribuya la goma de mascar a uno de los grupos y los silbatos de hojalata a otro. Diga: **Cuando yo dé la señal, el grupo que recibió la goma de mascar empezará a caminar masticando la goma de mascar al mismo tiempo. El grupo con los silbatos empezará a entonar con los silbatos un canto popular, el que elijan, y a la vez golpearán sus rodillas con el ritmo. El tercer grupo empezará a darse palmaditas en la cabeza con la una mano, mientras que se frotan en forma circular el estómago con la otra.**

Conceda alrededor de dos minutos. Luego pida que se detengan, y pregunte: **¿Cómo se sintieron al tratar de hacer dos cosas a la vez? ¿Por qué algunas cosas son más fáciles de hacer que otras? ¿Qué situaciones de la vida real piden que se hagan dos cosas a la vez?**

Pida que voluntarios lean en voz alta Marcos 2:27 y Hebreos 4:1-11. Comente sobre cómo los muchachos pueden disfrutar del descanso y todavía reconocer a Dios en sus vidas.

Pida que los jóvenes y señoritas realicen un torbellino de ideas sobre las maneras en que podrían pensar en Dios y honrarle durante las vacaciones. Pida que cada uno mencione una actividad que espera realizar durante las vacaciones, y cómo podría reconocer la presencia de Dios mientras la hace.

Diga: **No siempre es fácil hacer dos cosas a la vez. Pero sí es posible tener una gran temporada de vacaciones y a la vez dar a Dios el primer lugar en nuestras vidas.**

Tema: **Acción de gracias**
Tiempo: **10 minutos**
Tamaño del grupo: **Cualquiera**

Materiales: Una Biblia. Para cada miembro del grupo se necesita un pedazo de cuerda o piola de medio metro de largo, una hoja de papel de carta y un sobre, y un bolígrafo.

Distribuya los pedazos de cuerda y pida que formen un círculo, sentándose en el suelo. Diga: **Piensen en la cosa más hermosa que alguien haya hecho por ustedes hace poco; algo que consideraron especialmente amable o cariñoso. Pudiera ser algo que la persona ni siquiera se dio cuenta de que cada uno lo apreció mucho. Cada uno debe usar su piola para hacer en el piso un diseño que represente ese acto de amabilidad.**

Conceda como un minuto para que los jóvenes y señoritas preparen sus diseños. Luego pida que cada uno, por turno, diga lo que diseñó, y qué actos de amabilidad representa.

Lea Lucas 17:11-19 en voz alta. Pregunte: **¿Qué detalle les llama la atención en este relato?**

Dialogue sobre la importancia de dar gracias. Luego pregunte: **¿Cuántos de ustedes le agradecieron a la persona que hizo aquel acto de amabilidad que mencionaron hace unos momentos?** Diga: **Así como los nueve leprosos no vinieron a agradecerle a Jesús, a menudo nosotros nos olvidamos de agradecer a las personas que tocan nuestras vidas con su bondad.**

Distribuya el papel de carta y los sobres. Pida que cada joven y señorita escriba una breve nota de agradecimiento a la persona que hizo el acto de bondad que mencionaron. Conceda cuatro o cinco minutos para esta actividad. Luego anime a sus jóvenes a terminar sus notas, y enviarlas por correo a más tardar el día siguiente. En los lugares en donde el correo no es confiable, o donde no es posible enviar por correo estas notas, cada joven puede usar el teléfono y llamar a la persona para leerle la nota que le ha escrito. En algunos lugares tal vez necesiten guardar cuidadosamente la nota, para entregársela personalmente la próxima vez que vean a la persona.

Para concluir pida que todos se pongan de pie, y se tomen de las manos. Diga: **No queremos ser como los nueve leprosos que se fueron sin agradecer. Acordémonos de agradecer a Dios todos los días.**

 Tema: **Tiempo con Dios**
Tiempo: **10 minutos**
Tamaño del grupo: **Cualquiera**

Materiales: Biblias

Forme parejas. Pida que cada persona busque el objeto más valioso que tenga consigo, tal como alguna joya, o el retrato de alguien especial. Pida que las parejas canjeen sus posesiones valiosas. Explique que cada persona debe tratar con respeto y mucho cuidado el objeto que recibe de su compañero o compañera.

Pida que uno de los jóvenes o señoritas en cada pareja cierre sus ojos, mientras que el otro esconde el objeto que ha recibido. Luego se intercambiarán los papeles. Después de que ambos objetos estén escondidos, pida que los jóvenes traten de hallar sus posesiones en menos de dos minutos. Si no las hallan, pida que los que las escondieron las recobren y devuelvan.

Después, pregunte: **¿Qué sentiste al buscar tu objeto valioso? ¿Cómo te sentiste cuando hallaste tu propiedad? ¿Cómo te sentiste cuando no la hallaste?**

Diga: **Algunos de ustedes hallaron su propiedad valiosa, mientras que otros no, pero Dios promete que si buscas hallarás la posesión más valiosa de todas: una relación con Él.**

Lea en voz alta Jeremías 29:11-13. Pregunte: **¿Qué nos revelan estos versículos respecto al deseo de Dios de que le conozcamos? ¿Qué quiere decir buscar a Dios con todo el corazón?**

Pida que los jóvenes vuelvan a su pareja, y cada uno se comprometa ante el otro a pasar un tiempo a solas con Dios. Los jóvenes y señoritas tal vez querrán indicar cierta hora cada día, o cierto número de días en la semana, en que tratarán de pasar a solas con Dios. Después de que cada uno haya expresado este compromiso, pídales que oren el uno por el otro pidiendo que Dios les ayude a observar el compromiso que han hecho.

IDEAS
PARA
ADORACIÓN

Título: **Aventura de oración**
Tiempo: **30 a 45 minutos**
Tamaño del grupo: **Cualquiera**

Materiales: Ninguno.

Lleve a los jóvenes a una caminata o aventura de oración que nunca olvidarán. Llévelos hasta un arroyo o hasta una llave de agua, reúnalos en grupo, y eleve una oración pidiendo que Dios los limpie. En una esquina, al detenerse ante el semáforo, ore que Dios ayude a los jóvenes a detenerse para no hacerse daño a sí mismos o lastimar a otros. En un cruce de caminos ore que Dios ayude a los jóvenes a tomar decisiones sabias. Reúnalos alrededor de un poste o un medidor eléctrico y ore pidiendo el poder de Dios. Deteniéndose bajo las ramas de algún árbol frondoso, ore que Dios ayude a los jóvenes a crecer y abrir sus brazos hacia otras personas.

Concluya la aventura de oración pidiendo que los jóvenes formen un círculo, se tomen de las manos, e inclinen la cabeza en actitud de oración. Si lo desea, puede pedirles que cierren los ojos, para evitar distraerse. Diga: **Imagínate que estás orando por la persona cuya mano está tomando. Primero imagínate que la persona es alguien muy enfermo.** (Haga una pausa). **Ahora imagínate que estás orando con una persona que no tiene donde vivir.** (Pausa) **Ahora imagínate que la persona con quien estás orando es el presidente de la nación.** (Pausa) **Ahora, piensa que es un homicida declarado y confeso.** (Pausa). **Concluyamos nuestra aventura de oración imaginándonos que estamos tomando la mano de Jesús.**

Finalice el encuentro preguntando: **¿Qué aprendiste respecto a ti mismo durante nuestra aventura de oración? ¿Qué aprendiste respecto a la oración? ¿Cómo podrías usar estas ideas para lograr que tu tiempo privado de oración sea más significativo?**

Título: **Caminata para el día de la ascensión**
Tiempo: **45 a 60 minutos**
Tamaño del grupo: **6 o más personas**

Materiales: Biblias y un globo inflado con helio.

Celebre la ascensión de Jesús con una caminata de adoración. Planee su ruta con seis paradas en un parque o en sitios con sombra. Procure seleccionar una colina o algún lugar elevado para su última parada. Seleccione seis lectores, y asígneles las siguientes porciones bíblicas: Mateo 28:8-10; Lucas 24:13-27; Lucas 24:28-35; Lucas 24:36-49; Juan 20:24-29; y Lucas 24:50-52.

Canten canciones de alabanza al empezar la caminata. En la primera parada pida que el primer lector lea su pasaje. Diríjanse a la segunda parada, cantando en el camino, y luego pida que se lea el segundo pasaje. Continúe de esta manera hasta que se lea el último pasaje en la cumbre de la colina. Cuando se lea la porción que describe la ascensión de Jesús, suelte el globo inflado con helio y observen cómo se eleva y desaparece de la vista, así como lo observaron los discípulos de Jesús. Lean en voz alta, y a modo de bendición, las palabras de Jesús registradas en Mateo 28:18-20.

Título: **Dramatización circular**
Tiempo: **20 a 30 minutos**
Tamaño del grupo: **Cualquiera**

Materiales: Biblias.

Muchas de las parábolas de Jesús pueden ser presentadas como una dramatización circular, con los jóvenes como actores e improvisando la la mímica de la acción de la parábola que se está leyendo. Pida que el lector se coloque en un lado del santuario, junto con un grupo de actores a su lado. Cada vez que hay alguna acción en la parábola los actores apropiados se dirigirán al centro de la plataforma, ejecutarán las acciones (haciendo participar a la congregación, si es posible), y luego volverán a sus lugares mientras que el siguiente actor o actores pasan para improvisar haciendo la mímica de la siguiente acción.

Trate esta dramatización con la parábola del sembrador, registrada en Mateo 13:1-9, 18-23. Las "semillas" pueden caer en la tierra, brotar, y luego salir corriendo del escenario. Una persona del siguiente grupo puede mover los brazos para representar los rayos ardientes del sol, cayendo sobre las semillas que se secan. Cuando esos actores salen, el tercer grupo brota, tan sólo para ser literalmente sofocados y sacados a rastras de la plataforma por los actores que hacen de espinas. Las semillas que brotan en buena tierra pueden crecer cada vez más conforme el lector lee sobre las semillas que cayeron en buena tierra. Para la frase "el que tiene oídos para oír, oiga" pida que todos corran a la plataforma y se coloquen las manos detrás de sus orejas.

Repita el cuadro entero, añadiendo un maestro que se coloque en la plataforma mientras lee la explicación que Jesús dio de la parábola en los versículos 18-23.

Título: **Canto por grupos**
Tiempo: **15 a 20 minutos**
Tamaño del grupo: **8 o más personas**
Materiales: Himnarios o libros de cantos.

Pida que los asistentes formen grupos de cuatro a ocho personas por grupo. Pida que cada grupo escoja un canto o himno favorito. Diga: **Cuando yo dé la señal, empiecen a cantar con todo ánimo el canto que han escogido. Sigan cantando la primera estrofa de su canto, vez tras vez. Luego, cuando yo señale a su grupo, dejen de cantar su canto, y empiecen a cantar "Solamente en Cristo"** (o algún canto que se pueda cantar en ronda), **junto con los que ya lo están cantando.**

Después de un par de minutos, o cuando todos los grupos estén cantando su propio canto, señale a un grupo y diríjalos para que empiecen a cantar la primera frase de "Solamente en Cristo" (o el canto que usted ha seleccionado). Señale al siguiente grupo y guíelos para que se unan en la siguiente frase, y así sucesivamente, hasta que el ruidoso alboroto se convierta en un coro unido de adoración. Después de la experiencia comente sobre el hecho de que, sin que importe cuán atiborrada o caótica pueda parecer la vida, siempre hay unidad y paz en Jesús.

Título: **Sermones en diálogo**
Tiempo: **10 a 30 minutos**
Tamaño del grupo: **Cualquiera**
Materiales: Ninguno.

Los sermones en diálogo resultan bien en la adoración dirigida por jóvenes. Seleccione temas que tengan que ver con los intereses y preocupaciones de los jóvenes, tales como los conflictos en la familia, la voluntad de Dios, el uso del tiempo o del dinero, el ocultismo, el amor de Dios, aceptación y amistades, la música rock, o cómo hablar de Cristo con los amigos.

Considere estos formatos como ejemplos de sermones en diálogo:

• El pastor invita a los jóvenes a pasar al frente y tomar asiento en el suelo o en los escalones de la plataforma. Entonces el pastor y los jóvenes entablan un diálogo espontáneo respecto al tema seleccionado para la ocasión.

• Un panel de jóvenes en la plataforma hace preguntas a los adultos en la congregación. Algunas preguntas pueden ser planeadas; otras pueden ser espontáneas. Los adultos también pueden dirigir preguntas a los jóvenes respecto a cómo la fe afecta varios aspectos de sus vidas.

Título: Alabar a Dios
Tiempo: 20 a 30 minutos
Tamaño del grupo: 4 o más personas

Materiales: Biblias, libros de cantos o himnarios, y música suave de adoración.

Conforme llegan las personas entregue la siguiente lista y pida a cada persona que prepare una de las cosas indicadas, para presentarla delante del grupo. Mientras se preparan, toque música suave de adoración.

Esta es la lista:

• Lee un pasaje bíblico que te haya servido de estímulo, y explica cómo y cuándo te sirvió para levantarte el ánimo.

• Escoge un canto y di por qué te resulta significativo. Si el canto es familiar, pide que lo canten todos.

• Cuéntanos de una ocasión cuando la alabanza a Dios te fue especialmente provechosa en tu vida.

• Cuéntanos de alguna situación difícil que estas enfrentando y que te dificulta adorar a Dios. El grupo orará por ti.

• Cuéntanos de una ocasión en que la bondad de Dios se manifestó particularmente en tu vida mediante una respuesta a la oración, o de una manera en que Dios está obrando en tu vida.

• Cuenta al grupo algo que has aprendido por medio de la alabanza.

Empiece el tiempo de adoración leyendo en voz alta 1 Timoteo 4:9-10. Luego pida que cada persona presente lo que ha preparado. Concluya el tiempo de adoración con un canto seleccionado por uno de los asistentes, y con una oración.

Título: **Adore con escultura**
Tiempo: **10 a 15 minutos**
Tamaño del grupo: **3 o más personas**
Materiales: Biblias.

Forme grupos de tres o cuatro jóvenes o señoritas, y asigne a cada grupo una porción de las Escrituras. Pida que cada grupo forme una escultura viviente que simbolice el mensaje de ese pasaje bíblico. Conceda cinco o seis minutos para que el grupo lea el pasaje y preparen su escultura. Cada persona debe ser parte de la escultura.

Cuando los grupos estén listos, pida que por turno lean su porción bíblica y formen su escultura. Unos pocos versículos que servirán bien para esta actividad de adoración son Mateo 6:3-4, 6, 19-21, 22-23, y 24.

Título: **Caminatas de oración en silencio**
Tiempo: **30 a 35 minutos**
Tamaño del grupo: **Cualquiera**
Materiales: Ninguno.

Pida que los jóvenes formen parejas para efectuar una caminata de oración en silencio. Asigne a cada pareja una ruta para caminar. Diga: **Conforme caminan, oren en silencio por las personas con quienes se cruzan o encuentran, las personas en las casas y edificios que pasan, y la gente en los vehículos que pasan por la calle. No deben dar ningún indicio externo de que están orando.**

Pida que regresen en 20 minutos, a fin de dialogar sobre la experiencia. Este tipo de oración puede ayudar a los jóvenes a salir de su rutina y sensibilizarse respecto a las necesidades de otros. Otra posibilidad es reunir a los jóvenes para una caminata de oración en silencio alrededor del templo antes del culto del domingo en la mañana, o recorrer los pasillos y orar por las personas que están en las diferentes clases de Escuela Dominical.

Título: **Cante lo que siente**
Tiempo: **15 a 20 minutos**
Tamaño del grupo: **Cualquiera**
Materiales: Himnarios o libros de cantos.

Distribuya los libros de cantos. Invite a los presentes a escoger un canto o himno para que lo cante el grupo entero. El canto debe representar el punto en que se halla en su vida cristiana la persona que lo selecciona. Cuando la persona menciona el canto, debe indicar por qué ese canto es significativo en ese punto en su vida. Luego cántenlo juntos.

Título: **Canto con lenguaje de señas**
Tiempo: **15 a 20 minutos**
Tamaño del grupo: **Cualquiera**

Materiales: Libros de cantos.

Enseñe a los jóvenes a expresar las palabras de un canto de adoración usando lenguaje de señas. Si no puede conseguir la ayuda de una persona que sepa el lenguaje de señas, anime a los jóvenes a improvisar e inventarse movimientos que interpreten las palabras. Forme grupos para cantos que tienen más de una estrofa, y pida que cada grupo interprete una estrofa diferente.

Título: **Noches estrelladas**
Tiempo: **20 a 30 minutos**
Tamaño del grupo: **Cualquiera**

Materiales: Biblias. Si realiza esta actividad puertas adentro, se necesitan linternas de mano y música suave de adoración.

Pida que los jóvenes se acuesten de espaldas sobre el césped o hierba, mirando al cielo estrellado. Lea en voz alta las promesas de Dios a Abraham, y las respuestas del patriarca, según constan en Génesis 15:1-6. El efecto es mucho mejor si la actividad se lleva a cabo en algún prado o patio, lejos de las luces del alumbrado público. Hable acerca de confiar en Dios, quien creó las estrellas y las colocó en el espacio.

Se puede crear un efecto similar con linternas de mano en el santuario con las luces apagadas. Toque música suave de adoración. Pida que los jóvenes dirijan la luz de sus linternas de mano al cielo raso, y que las enciendan y apaguen alternadamente mientras usted lee en voz alta Génesis 15:1-6 o el Salmo 19.

IDEAS PARA INICIAR EL DIÁLOGO

Tema: **Pedir perdón**
Tiempo: **10 minutos**
Tamaño del grupo: **Cualquiera**

Materiales: Un diccionario (u otro libro voluminoso) para cada persona.

Déle a cada persona un libro voluminoso, como por ejemplo, un diccionario. Pídales que sostengan el libro a la altura de sus hombros, con los brazos completamente extendidos. Cada persona debe sostener el libro todo lo que pueda. Cuando empiecen a bajar los brazos por el peso, pregunte: **¿Fue difícil sostener el peso levantado? ¿Cómo te sentiste cuando el libro empezó a parecer más y más pesado? ¿En qué se parece esto a la manera en que te sientes cuando has hecho algo indebido contra alguien más, pero no has pedido perdón por tus acciones? ¿Cómo te sentiste cuando pudiste bajar el libro? ¿En qué se parece esto a lo que sientes cuando te han perdonado por algo que le hiciste a alguien?**

Tema: **Relaciones rotas**
Tiempo: **10 a 15 minutos**
Tamaño del grupo: **Cualquiera**

Materiales: Papel y lápices.

Déle a cada persona una hoja de papel y un lápiz. Diga: **Piensa en la persona a quien más quieres. Imagínate que la hoja de papel representa tu relación con esa persona. Te voy a pedir que escribas algo acerca de esa persona. No tendrás que mostrar a nadie lo que escribas. Haré una pausa después de cada indicación, a fin de que escribas lo necesario en tu papel. Escribe: el nombre de la persona, una ocasión especial que pasaste con esa persona, un lugar que ha sido de especial recordación en la relación con esa persona y por qué ha sido especial, un regalo significativo que te ha dado esa persona, y tres palabras que describen las mejores cualidades de esa persona.**

Cuando los muchachos y muchachas hayan concluido esta parte, diga: **Si esa persona alguna vez te ha decepcionado, rompe el papel por la mitad. Si esa persona alguna vez dijo algo descomedido respecto a ti, rompe el papel una vez más. Si esa persona alguna vez no ha cumplido una promesa que te hizo, rompe el papel una vez** más. Si esa persona alguna vez se ha enojado o enfadado contigo sin tener razón, rompe el papel otra vez.

Pregunte: **¿Qué sentiste al romper el papel? ¿Qué sientes al ver el papel hecho pedazos? ¿En qué se parece esto a la manera en que te sientes al pensar en una amistad estrecha que se ha dañado o se ha destrozado? ¿En qué se parecería el pegar los retazos del papel con cinta adhesiva al intento de reparar una amistad rota? Explica.**

Tema: **Escoger seguir a Jesús**
Tiempo: **10 a 15 minutos**
Tamaño del grupo: **Cualquiera**

Materiales: Cinta adhesiva, papel, marcadores, y refrescos o refrigerio.

Antes de que lleguen los jóvenes coloque un pedacito de cinta adhesiva debajo del asiento de un tercio de las sillas, donde no pueda verse. Escriba "cielo" en una hoja de papel e "infierno" en otra hoja. Pegue estos rótulos en extremos opuestos del salón. Debajo del rótulo "cielo" coloque los refrescos o bocaditos que les gusten a los muchachos.

Después de que lleguen los jóvenes pídales que busquen debajo de su respectiva silla y retiren la cinta, si la hay. Diga: **Ustedes que encontraron un pedacito de cinta adhesiva son los que van al cielo. Tomen sus sillas y pasen al lugar donde están los bocaditos y disfrútenlos. Los demás deben ir al infierno. Colóquense del lado del rótulo que dice "infierno."**

Cuando los jóvenes se hayan colocado en sus lugares, pregunte: ¿Cómo se siente estar en el lugar en que están? Explique. **¿En qué forma esta actividad es similar a la manera en que acabaremos bien sea en el cielo o en el infierno? ¿De qué manera es diferente? Si los pedacitos de cinta adhesiva representaban una entrega de fe a Jesús, ¿cómo cambiaría eso tu perspectiva de esta actividad?**

Tema: **Crecimiento cristiano**
Tiempo: **25 a 30 minutos**
Tamaño del grupo: **4 a 6 personas**

Materiales: Un modelo plástico desarmado de un avión o automóvil, pegamento, Biblias.

Coloque las piezas del modelo plástico sobre una mesa, y pida a los jóvenes que armen el modelo, pero no les dé las instrucciones al respecto. Dígales que hagan lo mejor que puedan, pero no les dé ninguna otra indicación. Después de varios minutos, pida que tomen asiento y pregunte: **¿Cómo se sintieron al tratar de armar este modelo sin contar con ninguna instrucción? ¿Piensan ustedes que resultará bien? ¿Por qué sí o por qué no? ¿En qué se parece el tratar de construir este modelo sin el manual de instrucciones con el hecho de tratar de vivir nuestras vidas sin seguir las instrucciones dadas por Dios?**

Lea en voz alta 2 Corintios 4:16-18, Filipenses 2:13 y 1 Tesalonicenses 2:13. Pregunte: **¿Te has sentido alguna vez como estando "en construcción"? ¿Por qué es frustrante sentirse de ese modo? ¿Por qué algunas veces queremos tomar la "construcción" en nuestras manos, ignorando a Dios? ¿Es más sabio tratar de edificarnos nosotros mismos de acuerdo a nuestro propio diseño o dejar que Dios nos construya y edifique a Su manera y a Su ritmo? Explica.**

Tema: **Sectas falsas**
Tiempo: **10 a 15 minutos**
Tamaño del grupo: **4 o más personas**

Materiales: Ninguno.

Forme grupos de no más de cuatro personas. A la persona que más recientemente ha comido helado (nieve, en algunos países) pídale que diga: "Mi sabor favorito de helado (o nieve) es . . . ." Entonces los demás miembros en ese grupo deben tratar de convencer a la persona a que cambie de sabor favorito, usando cualquier argumento, método o táctica, pero no debe haber ningún contacto o ataque físico. La persona que mencionó su "sabor favorito" debe defender su preferencia por cualquier medio posible. Los atacantes deben tratar de convencer a la persona que está equivocada. Permita que este ataque y defensa tenga lugar por unos cinco minutos.

Después forme un círculo, y pregunte: **¿Cómo se sintieron al participar en la discusión? ¿Alguien cambió de preferencia de sabor? ¿Por qué sí o por qué no? Si cambiaste tu preferencia, ¿cómo te sentiste al verte obligado a cambiar de idea? ¿En qué forma las tácticas y prácticas que usaron los que hicieron de atacantes se parecen a las tácticas que usan las sectas falsas para influir en sus seguidores?**

6 Tema: **Engaño**
Tiempo: **10 a 15 minutos**
Tamaño del grupo: **Cualquiera**

Materiales: Cuerda o piola y un caramelo salvavidas (los que tienen un agujero en el centro) para cada persona.

Déle a cada persona un pedazo de piola de treinta centímetros de largo y un caramelo salvavidas (los que tienen un agujero en el centro). Pídales que aten el caramelo en el extremo de la cuerda. Luego deben sostener su péndulo de caramelo por el extremo de la piola, con los codos hacia afuera, de modo que el caramelo pueda oscilar sin tropiezo. Dígales que les va a hacer una serie de preguntas sencillas. Los jóvenes no deben responder en voz alta a las preguntas, sino que deben usar su energía cerebral para lograr que sus caramelos contesten por ellos. Dígales que si la respuesta es "sí," deben concentrar su energía mental en el caramelo para que oscile hacia adelante y hacia atrás. Si la respuesta es no, deben obligar mentalmente al caramelo a que haga un círculo. Adviértales que no deben tratar de mover el caramelo con sus brazos o manos, puesto que eso estropeará todo el experimento.

Cuando estén listos, haga las siguientes preguntas: **¿Te gusta la "pizza"? ¿Tienes más de 18 años? ¿Te encanta el tiempo de vacaciones? ¿Te encanta el invierno?**

Lo más probable es que los péndulos se moverán de todas maneras, incluso aun cuando los jóvenes traten de tener las manos inmóviles (esto ocurre porque los movimientos involuntarios de los músculos harán que el caramelo se mueva). Después del experimento, pregunte: **¿Funcionó el péndulo para ti? Explica. ¿Cómo te sentiste al ver que el péndulo funcionaba, o no funcionaba en tu caso? ¿De qué manera es esto similar a lo que sienten algunas personas cuando se dejan atrapar por alguna secta y las prácticas de la Nueva Era?** Explique a los jóvenes por qué se movieron los caramelos. Pregunte: **¿En qué se parece la forma en que esta actividad nos engañó a la manera en que** las sectas falsas nos engañan? ¿De qué maneras podemos evitar ser engañados por las sectas falsas?

Tema: **Desilusionado por otros**
Tiempo: **10 a 15 minutos**
Tamaño del grupo: **12 o más personas**

Materiales: Cuarenta tarjetas de archivador o pedazos de cartulina, como de 10 cm. por 12 cm., y cuatro marcadores de diferentes colores.

De antemano prepare 40 tarjetas o pedazos de cartulina. Numérelas del 1 al 10, escribiendo un número en cada tarjeta. Use un marcador de diferente color para cada juego de 10 tarjetas.

Forme cuatro equipos, y pida que cada grupo seleccione un capitán. Diga. **Cada equipo tratará de ser el primero en lograr tener las tarjetas del 1 al 10 del mismo color. El capitán del grupo es el guardián de las tarjetas del equipo. Los demás en el equipo pueden tomar solo una tarjeta a la vez de las manos de su capitán y canjearla con miembros de otros equipos por otra tarjeta. Entonces deberán llevar esa nueva tarjeta a su capitán, para cambiarla y recibir otra tarjeta para volver a canjearla. Ganará el equipo que después de pasados cinco minutos tenga el mayor número de tarjetas del mismo color.**

Antes de empezar el juego lleve a los capitanes fuera del salón, e instrúyales: **Su tarea es trabajar secretamente en contra de su equipo. Deben tratar de evitar que su equipo acumule tarjetas del mismo color.**

Vuelva al salón junto con los capitanes de los equipos, y empiece el juego. Después de cinco minutos, diga: **Ustedes no lo sabían, pero sus capitanes estaban trabajando en contra de su respectivo equipo todo el tiempo. Pregunte: ¿Cómo se sienten al saber que el capitán de cada equipo estaba trabajando en su contra? ¿En qué forma se parece esto a la manera en que la gente se siente cuando otros los desilusionan o les fallan? ¿Cuál es la mejor manera de tratar con las personas que nos ofenden, lastiman o desilusionan? Expliquen.**

Tema: Eutanasia
Tiempo: 10 a 15 minutos
Tamaño del grupo: Cualquiera

Materiales: Dos sillas.

Pida que algún voluntario represente un breve drama, tomando asiento en una silla en el frente del salón. Ponga otra silla, inclinándola contra el voluntario, para simular un accidente de tráfico en el cual la puerta quedó retorcida atrapando a la víctima. Diga al grupo que se imagine que esta persona acaba de sufrir un terrible accidente vehicular. Está atrapada, y el auto acaba de estallar en llamas. La víctima no puede salir, de modo que se está quemando viva.

Diga: **Acabas de llegar a la escena del accidente. No hay nadie más por ahí. Debido a que el dolor es tan intenso, la víctima te suplica que acabes de matarla, disparándole con una pistola que por casualidad tienes en la mano. Tienes tres alternativas: 1) no hacer nada y dejar que la víctima muera quemada, 2) tratar de rescatarla y arriesgar tu propia vida, o 3) matarla de un tiro.**

Conceda 30 segundos para que los jóvenes decidan lo que harían, y luego pida que cada persona conteste rápidamente lo que decidió hacer. Luego pregunte: **¿Cómo te sentiste al tener que tomar una decisión en tan corto tiempo? ¿Cuál respuesta es la que muestra más bondad? Explica. ¿De qué manera esta situación se parece a la eutanasia? Explica. ¿Crees que matar es en algún caso una forma de misericordia? ¿Por qué sí o por qué no?**

Tema: Enfrentando pruebas
Tiempo: 10 a 15 minutos
Tamaño del grupo: 3 o más personas

Materiales: Cuerda y dos árboles.

Ate una cuerda entre dos árboles como a metro y medio sobre el suelo. Estire la cuerda para que quede tirante. Explique a los jóvenes que tienen siete minutos para lograr pasar a todos por sobre la cuerda sin tocarla. Designe dos "inspectores" adultos que se aseguren que los jóvenes no se ponen en peligro.

Después de la experiencia, pregunte: **¿Cómo se sintieron cuando vieron la cuerda y supieron lo que se les pedía que hicieran? ¿Qué sintieron cuando la primera persona logró pasar? ¿Cuál fue la parte** más difícil para lograr que todos pasaran? ¿De qué manera este ejercicio se parece al hecho de enfrentar pruebas en la vida? ¿Cómo podemos aplicar los métodos que usamos para cruzar la cuerda a la manera en que enfrentamos los problemas diarios?

Tema: **Temor**
Tiempo: **10 a 15 minutos**
Tamaño del grupo: **Cualquiera**

Materiales: Una venda para los ojos, una pelota, una taza con agua, una taza de plástico vacía, y tijeras.

Pida que los jóvenes se coloquen en un área del salón en donde puedan ponerse de pie separados los unos de los otros. Cada uno debe vendarse los ojos. Diga: **Vamos a tratar un experimento para ver cuán miedosa es cada persona. Voy a lanzar un objeto a cada uno, por turno. No voy a decirles cuál objeto estoy lanzando, pero sí voy a decir tu nombre, si es tu turno recibirlo. Si no estás seguro de querer recibirlo con las manos, da un paso hacia atrás rápidamente. Si estás dispuesto a recibir el objeto, entonces estira las manos. Los objetos que voy a lanzar incluyen, en cualquier orden, una pelota, un taza con agua, una taza vacía, y unas tijeras.**

Vaya de persona en persona, diga el nombre y lánceles bien sea la pelota o la taza vacía. Cree tensión derramando de cuando el cuando el agua, y volviendo a llenar la taza, y ocasionalmente dejando caer las tijeras frente a usted. Después del juego pregunte: **¿Cómo te sentiste mientras esperabas tu turno para recibir el objeto? ¿De qué manera se parece esto a la forma en que las personas se sienten ante cosas que no comprenden o no pueden controlar? ¿Qué situaciones de la vida real te dan miedo? ¿Cómo lidias usualmente con el temor?**

Tema: **El reino de Dios**
Tiempo: **10 a 15 minutos**
Tamaño del grupo: **8 o más personas**

Materiales: Colorante para alimentos o marcadores.

Antes de la reunión pida a tres o cuatro personas que actuen como "extraterrestres." Dígales que contesten las preguntas honestamente y sin actuar en forma extraña. Las siguientes son algunas sugerencias para producir extrañas características sutiles: cambie el color de la lengua mediante el colorante de alimentos, coloque verrugas artificiales en los lóbulos de las orejas usando marcadores, o pida que todos los extraterrestres se paren sobre un pie cuando hablan.

Cuando los jóvenes hayan llegado, diga: **¡Tenemos extraterrestres entre nosotros! Lo sé porque tienen una característica única que los distingue. Su tarea es descubrir quiénes entre nosotros vienen de otro planeta. ¡Empiecen!**

Después de que se hayan descubierto a los extraterrestres, pregunte: **¿Cómo se sintieron ustedes que sirvieron de extraterrestres? ¿De qué manera esto se parece a lo que uno siente algunas veces como cristiano en un mundo no cristiano? ¿Cuáles son las características distintivas que debería tener la persona que está en el reino de Dios?**

Tema: **El cielo**
Tiempo: **15 a 20 minutos**
Tamaño del grupo: **6 o más personas**
Materiales: Papel, cinta adhesiva, y periódicos.

Déle a cada joven y señorita una hoja de papel y pídale que la rasgue dándole forma de modo que represente algo que consideran valioso. Por ejemplo, pudieran rasgarla como para formar la silueta de un automóvil, o de un amigo. Cuando los jóvenes tengan lista su silueta, pídales que explique lo que han creado.

Forme grupos de seis o menos personas, y dé a cada grupo cinta adhesiva y una pila de periódicos. Diga: **Usando los periódicos y la cinta adhesiva, hagan un "capullo" en el cual el grupo entero pueda esconderse como para que yo no vea a ninguno. Pueden usar cualquier mueble u objetos que hay en el salón.**

Asegúrese que los jóvenes llevan sus creaciones en papel consigo a sus respectivos "capullos." Cuando todos los grupos estén escondidos, pregunte: **¿Cómo se siente estar aislado del resto del salón?** Diga: **Digamos que ese diminuto receptáculo es tu vida en la tierra. Allí tienes todos tus amigos y todo lo que consideras de valor. Pero hay mucho más en este salón de lo que puedes ver dentro de tu capullo. Pregunte. ¿En qué forma indica esta experiencia la diferencia entre la tierra y el cielo? ¿Qué te hace sentir esta experiencia respecto al cielo? Explica.**

Tema: **Identidad**
Tiempo: **15 a 20 minutos**
Tamaño del grupo: **Cualquiera**

Materiales: Cinta adhesiva y papel.

Coloque en la espalda de cada uno una hoja de papel en que conste el nombre de una persona famosa o personaje ficticio. No le permita al joven o señorita ver el nombre escrito en su respectiva hoja. Explique que deben mezclarse unos con otros, y hacer preguntas para descubrir su "identidad oculta." Sólo se puede hacer una pregunta a la otra persona; no se pueden hacer dos preguntas seguidas a la misma persona, y todas las preguntas deben contestarse sólo con "sí" o "no."

Después que los jóvenes hayan descubiertos sus identidades, pregunte: **¿Cómo te sentías al no saber tu identidad? ¿Fue difícil para ti descubrir el nombre que tenías a la espalda? ¿Por qué sí o por qué no? ¿En qué se asemeja esta actividad a la lucha que algunas veces enfrentamos tratando de desarrollar nuestra propia identidad?**

Tema: **Independencia**
Tiempo: **10 a 15 minutos**
Tamaño del grupo: **Cualquiera**

Materiales: Papel y lápices.

De antemano prepare 12 hojas diferentes de papel, y escriba en cada una lo siguiente: 13 años o menos, 14, 15, 16, 17, 18, 19, 20, 21, 22, 23 años o más. Coloque los rótulos en orden numérico en línea recta en el suelo. Deje un espacio entre rótulo y rótulo. Diga: **Conforme yo leo las descripciones que voy a mencionar, considera la edad en que piensas que es apropiado que puedas tomar tus propias decisiones en ese aspecto. Entonces colócate de pie detrás del papel que indica esa edad. Después, voy a pedir que te coloques detrás del papel que indica la edad que tus padres considerarían apropiada.**

Lea las siguientes descripciones, una a la vez, y permita que los jóvenes respondan según les instruyó: **1. Empezar a salir con personas del sexo opuesto. 2. Enamorarse. 3. Ir a una fiesta sin necesidad de acompañante. 4. Decidir a qué hora regresar a casa por la noche, sin límite. 5. Ver películas catalogadas para adultos.**

Después pregunte: **¿Qué notaron respecto a la variedad de edades seleccionadas para cada descripción? ¿Hay definitivamente una** edad "precisa" para tomar tus propias decisiones en estos aspectos? ¿Por qué sí o por qué no? ¿Por qué los padres se muestran cautelosos en cuanto a permitirte tomar tus propias decisiones?

Tema: **Gozo**
Tiempo: **20 a 25 minutos**
Tamaño del grupo: **Cualquiera**

Materiales: Biblias y globos para cada persona.

Lea en voz alta Salmo 92:4 y Santiago 1:2. Déle a cada joven y señorita un globo. Indíqueles que no deben inflarlo, sino sólo jugar con el mismo echándolo al aire. Después de unos pocos minutos, pregunte: **¿Están divirtiéndose? ¿Por qué sí o por qué no? ¿Por qué los globos no rebotan? ¿En qué se parecen estos globos desinflados a ti cuando estás deprimido? ¿Qué haces para tratar de recuperar tu "rebote" cuando estás alicaído?**

Pida que los jóvenes inflen sus globos y que los echen al aire para jugar. Pregunte: **¿En qué manera el inflar los globos con aire se parece a llenarse uno de alegría? ¿De dónde viene la alegría? ¿De qué manera el ser llenos del Espíritu Santo se parece a estar llenos de gozo? ¿Podemos estar llenos de gozo todo el tiempo? ¿Por qué sí o por qué no? ¿Cómo podemos ser llenos del Espíritu Santo? ¿Cómo podemos ser llenos de gozo?**

Tema: **Amar a otros**
Tiempo: **20 a 25 minutos**
Tamaño del grupo: **Cualquiera**

Materiales: Biblias, y una venda para los ojos para cada persona.

Lea en voz alta 1 Juan 2:9-11. Vende los ojos de todos en el grupo. Pida que se tomen de las manos y guíelos en una caminata por lo menos por 15 minutos. Haga la caminata lo más interesante posible.

Cuando concluya la caminata pida que se quiten las vendas y que tomen asiento en círculo. Pregunte: **¿Cómo te sentiste al ser guiado a ciegas por tanto tiempo? Explica. ¿En qué se parece el andar a ciegas a vivir sin querer a otras personas?**

Lea en voz alta de nuevo 1 Juan 2:9-11. Pregunte: **¿En qué forma no amar es similar a andar a ciegas? ¿Si no amar es como andar a** ciegas, en qué forma amar se parece a andar en la luz? Basados en este pasaje, ¿cómo se supone que debemos amar? Explica.

Tema: **Materialismo**
Tiempo: **15 a 20 minutos**
Tamaño del grupo: **5 o más personas**

Materiales: Periódicos, cartulina de colores, cinta adhesiva, cinta métrica y una Biblia.

Si tiene más de cinco personas forme grupos de no más de cinco personas por grupo. Distribuya los artículos. Diga: **Usando sólo lo que se les ha dado deben construir un edificio o estructura fuerte y resistente por lo menos de un metro de alto. Empiecen.**

Cuando hayan concluido mida las estructuras para comprobar que tengan por lo menos un metro de alto. Elogie a los jóvenes y señoritas por su inventiva y gusto artístico. Luego lea en voz alta Lucas 12:13-21. Pregunte: **¿En qué se parece el construir estos edificios al hecho de acumular riquezas? Diga: Lucas relata acerca de una persona que acumuló riquezas terrenales, pero cuyos planes no estaban de acuerdo con los de Dios. El resultado fue desastroso. Veamos si las estructuras que ustedes construyeron resisten la prueba de la Palabra de Dios.**

Diríjase a cada estructura, por turno, y coloque la Biblia encima de la misma. Lo más probable es que las construcciones se derrumbarán. Pregunte: **¿Cómo se sintieron cuando coloqué la Biblia sobre sus construcciones? ¿Qué hubieran hecho diferente si hubieran sabido que yo iba a colocar la Biblia encima de sus construcciones para probarlas. ¿De qué manera esta experiencia es similar a la forma en que algunas personas construyen sus vidas?**

Tema: **Carácter personal**
Tiempo: **15 a 20 minutos**
Tamaño del grupo: **5 o más personas**

Materiales: Papel y lápices.

De antemano seleccione varios talentos o rasgos de carácter, y anótelos en letras bien grandes, uno por hoja de papel. Puede escoger, por ejemplo, una preciosa voz para cantar, un cuerpo atlético, una sonrisa hermosa, una mente ágil, honestidad, lealtad, sinceridad. Seleccione algunos rasgos que son valiosos desde una perspectiva mundana, tanto como algunos que son valiosos desde una perspectiva cristiana.

Explique que habrá un remate, y cada joven y señorita presente cuenta con $1000 para gastarlos en varios de los rasgos de carácter y talentos que se rematarán. Exhiba en alto la primera hoja de papel, y empiece el remate, pidiendo posturas u ofertas por aquel rasgo de carácter o talento en particular. Entregue la hoja de papel al mejor postor, quien sustraerá de su total de $1000 el precio de compra. Continúe hasta que todos los rasgos de carácter se hayan rematado o hasta que se les haya acabado el dinero.

Después del remate, forme grupos de cuatro o cinco personas, y pida que cada uno conserve sus compras, mientras que usted dice: **Permítanme contarles la historia de una muchacha llamada Luisa. Luisa es una jovencita, y anoche su casa se incendió. Ella es la única persona de su familia que sobrevivió al incendio. Ahora mismo está en el hospital, con quemaduras que le dejarán cicatrices de por vida.**

Pida que los miembros de los grupos dialoguen entre sí sobre las maneras en que los talentos y rasgos de carácter que han comprado podrían ser usados para ayudar a Luisa. Luego pregunte: **¿Cómo se sintieron mientras buscaban maneras de usar sus cualidades de carácter para ayudar a Luisa? ¿De qué manera este ejercicio nos hace pensar en la vida real? ¿Cómo podría cada uno de ustedes aplicar a su vida lo que acaban de aprender?**

19 Tema: **Reencarnación**
Tiempo: **10 a 15 minutos**
Tamaño del grupo: **Cualquiera**

Materiales: Cuentas blancas y negras (puede usar cuadritos de cartulina blanca y negra) y una bolsa de papel.

Pida que los jóvenes se imaginen que en lugar de haber recibido una sola vida para vivir, tienen que vivir cuantas vidas sean necesarias para llegar a ser perfectos. Coloque las cuentas en una bolsa de papel, una cuarta parte de cuentas blancas y tres cuartas partes de cuentas negras. Pida que los jóvenes y señoritas formen una fila y que pasen por donde está la bolsa. Cada persona debe introducir la mano, y sacar cinco cuentas, sin mirar. Indíqueles que los que sacan todas sus cuentas blancas son los "perfectos" y pueden tomar asiento. Los demás deben volver a la línea de nuevo, hasta cinco veces. Luego pregunte: **¿Fue fácil colec-**

cionar las cinco cuentas blancas? Explique. ¿En qué se parece esto a la forma en que la gente cree que funciona la reencarnación? ¿Es posible creer en la reencarnación y a la vez en la muerte y resurrección de Cristo? ¿Por qué sí o por qué no? ¿Cuál crees tú? Explica.

Tema: **Amor romántico**
Tiempo: **15 a 20 minutos**
Tamaño del grupo: **10 o más personas**

Materiales: Dos bolas de lana de diferente color y tijeras.

Forme dos grupos. A cada persona en un grupo déle una hebra de lana del mismo color, de como un metro de largo. A los miembros de otro grupo déles una hebra de lana de diferente color, de igual longitud. Diga: **Deben unir y anudar su hebra de lana con todas las otras hebras de otro color que les sea posible. La única regla es que deben vigilar su propia hebra, y no permitir que se les pierda una vez que la han unido a otra hebra. ¡Empiecen!**

Una vez que el salón esté lleno de nudos, pida que los jóvenes estiren sus hebras y que se queden quietos. Tome una tijera y separe la mayoría de las hebras, pero deje unas pocas unidas. Luego pídales que tomen asiento. Pregunte: **¿Cómo se sintieron cuando estaban atando las hebras? ¿Cómo se sintieron cuando yo empecé a separar las hebras cortándolas? ¿En qué forma esta experiencia se asemeja al hecho de establecer y romper relaciones románticas? ¿En qué forma se parece el desencanto que sentiste cuando yo corté tu hebra a la desilusión que se siente cuando se rompe una relación romántica? ¿Qué sería la diferencia entre "desanudar" una relación y "cortarla"? ¿Cuál sería mejor? Explica.**

Tema: **Sexualidad**
Tiempo: **10 a 15 minutos**
Tamaño del grupo: **Cualquiera**

Materiales: Dos flores

Tome dos flores idénticas y muéstreselas al grupo. Diga: **Quiero que todos vean qué hermosas son estas flores.** Guarde con usted una flor y pase la otra para que cada joven y señorita la toque, la huela, y le saque un pétalo o dos, si quiere. Deje que la pasen hasta que se vea estropeada y ajada. Tome de nuevo la flor que estaban pasando los jóvenes y muéstrela junto a la que está fresca. Pregunte cuál de las flores preferirían tener. Pregunte: **¿Cómo se sintieron ustedes al ver que la flor que estábamos pasando se estropeaba cada vez más? ¿De qué manera se parece tu sexualidad a estas flores? Si en realidad amáramos a esta flor, ¿cómo la hubiéramos tratado?**

Diga: **Las flores son hermosas y están para que se las admire y para que se disfrute de su aroma. Pero admiramos esta flor tan rudamente que acabó lesionada. Pregunte: ¿En qué se parece la manera en que tratamos a esta flor al hecho de tener relaciones sexuales con alguien con quien no estás casado? Si quieres a una persona pero no estás casado o casada con ella, ¿está bien acostarse juntos y tener relaciones sexuales? ¿Qué dice la Biblia al respecto?**

Tema: **Visión espiritual**
Tiempo: **15 a 20 minutos**
Tamaño del grupo: **Cualquiera**

Materiales: Biblias y un tubo de toallas de papel o de papel higiénico, o una botella vacía de refresco por persona.

Lea en voz alta 1 Corintios 13:11-12. Pida que los jóvenes y señoritas usen el tubo o la botella como visor. Asígneles cosas sencillas que hacer mientras usan su visor. Por ejemplo, pida que uno de ellos borre el pizarrón, que busque algún objeto en el suelo, o que busque a alguien en particular en el salón y le dé la mano. Después de que hayan completado la tarea asignada, pregunte: **¿Se ve diferente el mundo cuando se lo mira a través de un visor? ¿En qué manera la diferencia entre mirar libremente con tus ojos y mirar a través de un visor es similar a la diferencia entre vivir en el cielo y vivir en la tierra? ¿Por qué Dios no nos da "visión perfecta" mientras estamos aquí en la tierra? Al considerar que ninguna persona puede verlo todo por completo, ¿de qué forma se ve afectada nuestra perspectiva para juzgar a otros? ¿Qué tal en cuanto a juzgarse uno mismo?**

Tema: **Correr riesgos**
Tiempo: **10 a 15 minutos**
Tamaño del grupo: **Cualquiera**

Materiales: Cinta adhesiva de pintor, platos de papel, frijoles o maíz seco.

Con la cinta adhesiva de pintor trace una línea recta, larga en el piso. Pida que los jóvenes formen una fila en uno de los extremos de la cinta. Déle a cada persona un plato de papel, y pida que lo sostengan boca abajo en las palmas de sus manos. Eche algo así como un puñado mediano del grano seco en cada plato. Luego pida que caminen siguiendo la línea recta sin derramar el grano. Pida luego que comenten si les fue fácil o difícil caminar con los granos en el plato. Después pídales que vuelvan a formar una fila al extremo de la cinta. Empezando con la primera persona en la fila, hágale girar y dar siete vueltas. Entonces pídale que camine de inmediato siguiendo la cinta, sin derramar los granos. Luego pregunte: **¿Fue fácil seguir la línea en esta ocasión? ¿Por qué sí o por qué no? ¿Qué sintieron al tratar de seguir la línea la segunda vez? ¿Qué hizo más arriesgado seguir la línea recta la segunda vez? ¿Por qué es correr un riesgo tratar de caminar siguiendo la línea recta sin derramar los frijoles (o el maíz)? ¿Cuál es la diferencia entre atreverse sabiamente a correr un riesgo y aventurarse insensatamente a correr riesgos?**

Tema: **Comprendiendo las enseñanzas de Jesús**
Tiempo: **15 a 20 minutos**
Tamaño del grupo: **5 o más personas**

Materiales: Papel periódico y un marcador, o un pizarrón y tiza (gis).

En una hoja de papel periódico, o en el pizarrón, escriba las siguientes ocho instrucciones, en su orden: 1. Canten una vez "Los pollitos dicen" (o un canto infantil bien conocido). 2. Denle un abrazo a cada persona en su grupo. 3. Imiten el canto del gallo. 4. Troten en su propio lugar hasta contar veinte. 5. Choquen palmas en alto con cada uno de sus compañeros de grupo. 6. Brinquen dos veces en su lugar. 7. Digan en voz alta lo que más le gusta de sus compañeros. 8. Ladren como perros.

Indique que deben seguir estas instrucciones, pero no en el orden en que están en la lista. Para descubrir el orden correcto deben resolver el significado de este acertijo: "Cinco es nada, y después de cuatro, ponte un sombrero en los pies para hallar el orden."

Déles tiempo para que traten de descifrar el acertijo, y luego seguir las instrucciones. Está bien si algunos grupos no pueden resolver el acertijo. El orden correcto de las acciones es 1, 2, 3, 4, 8, 7, 6 (#5 no debe realizarse).

Después que los jóvenes hayan completado las acciones, o se hayan dado por vencidos, pregunte: **¿Qué se siente al tratar de comprender el acertijo? ¿En que se parece esto a la forma en que algunas veces nos sentimos tratando de comprender las enseñanzas de Jesús que constan en la Biblia? ¿Por qué piensan ustedes que la Biblia parece difícil de entender? ¿Cómo podemos comprenderla más fácilmente?**

Tema: **Guerra**
Tiempo: **10 a 15 minutos**
Tamaño del grupo: **4 o más personas**
Materiales: Papel periódico, dos bolsas de confeti (picadillo), y dos montones de papel tamaño carta usado.

Forme dos grupos. El uno será el país azul y el otro el país amarillo. Designe a la mitad de personas en cada grupo como soldados, y la otra mitad como civiles. Dé a los soldados de cada país las siguientes "armas": tres hojas grandes de papel periódico, una bolsa de picadillo, y un montón de papel usado.

Diga: **El país azul está en guerra contra el país amarillo. Su tarea es derrotar al país contrario. Cada país tiene civiles que debe proteger. Y cada país tiene soldados armados con cañones y bombas. Sólo los soldados pueden usar las armas. Para hacer una bomba, echen un poco de confeti en un pedazo de papel periódico, y envuénvanlo sin apretarlo mucho. La cantidad de daño que cause una bomba dependerá de la cantidad de confeti que caiga en el área. Los cañones se hacen haciendo un tubo enrollando una hoja de papel, llenándolo con confeti y soplándolo contra el enemigo. Si el confeti cae sobre alguna persona, esa persona está muerta. Cuando alguien lanza una bomba, diré "tiempo," y todos se detendrán, a fin de poder evaluar el daño y determinar si alguien ha muerto por la**

explosión. Cuando la batalla concluya, contaremos el número de muertos.

Conceda cuatro minutos para la batalla. Después, pida que todos los que "murieron" tomen asiento, mientras que el resto del grupo se queda de pie. Pida que los jóvenes se imaginen que las personas en realidad están muertas. Pregunte: **¿Cómo se sentirían ustedes al mirar a su alrededor y ver todos estos muertos? ¿De qué manera se parece esto a lo que sienten las personas al ver las víctimas de la guerra? ¿En qué se parece o se diferencia esta actividad de la guerra real? ¿En qué forma afectaría esta actividad tu opinión en cuanto a la guerra? ¿Hay algún momento en que es correcto hacer la guerra? ¿Por qué sí o por qué no?**

PROYECTOS DE EVANGELIZACIÓN Y SERVICIO

Título: **Fiesta de graduación**
Tiempo: **1 o 2 horas**
Tamaño del grupo: **6 o más personas**

Materiales: Videos musicales cristianos o películas cristianas, videocasetera y televisor o proyector de películas, palomitas de maíz, y juegos o quioscos festivos.

Forme un comité de padres, maestros y alumnos, con el propósito de organizar en su iglesia una fiesta de graduación para festejar y homenajear a los que se gradúan de la secundaria. Pida que algunos voluntarios adultos le ayuden en la vigilancia. Exhiba videos musicales cristianos o películas cristianas, preparen y sirvan palomitas de maíz, y pida que algunos miembros del grupo de jóvenes operen los diferentes quioscos festivos para diversión de los jóvenes. Las atracciones pudieran incluir un quiosco de besos (para besar animalitos pequeños de felpa), lanzamiento de aros, o lanzamiento de pelotas de básquetbol. En algunos lugares se podría cobrar un precio simbólico en cada quiosco, y otorgar los animalitos de felpa o algún otro objeto de poco costo como premios.

Título: **Envolver regalos**
Tiempo: **1 mes**
Tamaño del grupo: **Cualquiera**

Materiales: Ninguno.

Anime a los jóvenes a emprender el proyecto de recoger regalos y otros artículos especiales para un fin determinado. Deben decidir de antemano a quién destinarán los artículos que se recolecten. Por ejemplo, pueden ser los niños recluidos en un hospital, los ancianos en un asilo, los presos en una cárcel, una familia especialmente pobre o necesitada que acaba de tener un nuevo bebé.

Hable con su pastor, y pida la oportunidad en el culto de mayor asistencia para que los jóvenes anuncien que están recogiendo artículos para ayudar a personas necesitadas. Deben invitar a los miembros de la iglesia a que contribuyan con artículos apropiados para el proyecto seleccionado: ropita de bebé para la familia con el recién nacido, artículos de tocador apropiados para los ancianos, o libros y revistas apropiadas para los presos, por ejemplo. Señale la fecha límite para que se traigan los artículos. Después de esa fecha, reúna a los jóvenes y organice una "línea de ensamblaje" para empaquetar los artículos, colocándolos en bolsas o canastas. Luego los jóvenes llevarán los artículos a la persona o personas seleccionadas, como expresión del interés y preocupación de la iglesia y del amor de Cristo.

Título: **Clubes bíblicos de patio**
Tiempo: **3 a 4 horas cada día, durante cinco días**
Tamaño del grupo: **6 o más personas**
Materiales: Biblias, artículos para trabajos manuales, títeres, maquillaje para payasos, juegos de salón, y refrescos.

Una semana durante las vacaciones el grupo de jóvenes puede auspiciar, organizar y realizar uno o más Clubes Bíblicos de Patio para niños o adolescentes en el vecindario de la iglesia. En las actividades diarias incluya presentación de títeres, cantos y canciones, un estudio bíblico apropiado para la edad, y trabajos manuales. Consiga la colaboración de algún payaso que presente una historia bíblica o juegue juegos bíblicos con los asistentes. Ofrezca refrescos ligeros todos los días. A mediados de la semana, vayan a visitar a los padres de los niños y adolescentes que están asistiendo, y converse sobre lo que están haciendo en el Club Bíblico. Inviten a los padres a venir a las reuniones del club y a participar si lo desean y pueden hacerlo. Algunos tal vez querrán ofrecer alguna ayuda. Para finalizar la semana, premie a los asistentes con un certificado de "graduación," e invítelos a venir a su iglesia para las reuniones regulares.

Título: **Fiesta en el parque**
Tiempo: **2 horas**
Tamaño del grupo: **10 o más personas**
Materiales: Un parque, equipo deportivo, refrescos.

Guíe a los jóvenes y señoritas a organizar una fiesta deportiva en un parque cercano. Los jóvenes repartirán volantes invitando a la gente del barrio o vecindario. Se pueden tener competencias deportivas: fútbol, volibol, lanzamiento de herraduras, y otros juegos apropiados, dependiendo de las facilidades del parque. Se pueden servir refrescos ligeros, si se considera apropiado.

 Título: Ponerse a dieta
Tiempo: Continuo
Tamaño del grupo: Cualquiera
Materiales: Ninguno

Organice con su grupo de jóvenes un "Mes de Ponerse a Dieta." Los jóvenes hablarán con sus respectivas familias, animándoles a tomar la decisión de comer durante un mes una porción menor, o reemplazar granos y legumbres en lugar de carne y otros alimentos más costosos. El propósito es ahorrar unos cuantos pesos. Al final del mes los jóvenes y señoritas traerán lo que cada familia haya ahorrado. Luego el grupo seleccionará una familia pobre o necesitada en su iglesia, y elaborará una lista de víveres y otros artículos de primera necesidad que podrían comprar con el dinero reunido. Una comisión de jóvenes comprará entonces los víveres y artículos, y luego todo el grupo o una comisión irá a visitar a la familia y a entregarle de sorpresa los artículos como una muestra de amor cristiano de parte de los jóvenes de la iglesia.

 Título: Limpiar la basura
Tiempo: 1 a 2 horas
Tamaño del grupo: 6 o más personas
Materiales: Rastrillos, bolsas para basura.

Consiga permiso, de ser esto necesario, para limpiar de basura un parque cercano. Fije la fecha y la hora en que los jóvenes se reunirán para ir al parque seleccionado a recoger la basura, como botellas vacías, papeles, envolturas, etc. Indique a los jóvenes que deben estar listos para explicar por qué están realizando esta tarea, si alguien les preguntara. Haga hincapié que lo hacen como testimonio de la iglesia, y para el bien de la comunidad.

En algunos lugares se puede pedir permiso para sembrar y cuidar un jardín en algún punto del parque. En ese caso, los jóvenes deben organizarse para turnarse en la preparación, cuidado y cultivo de las flores y plantas del jardín.

7 | Título: **El huerto de legumbres**
Tiempo: **Varias semanas**
Tamaño del grupo: **3 o más personas**

Materiales: Herramientas de labranza, semillas, y un pedazo de terreno.

Tres o más jóvenes que vivan en el mismo vecindario deben buscar un pedazo de tierra, en donde plantarán su huerto de legumbres. Puede ser en la propiedad de alguna de las familias de la iglesia en el mismo vecindario, pero los jóvenes deben tener fácil acceso al pedazo de terreno, mientras que a la vez éste cuenta con suficiente protección de los extraños. El grupo preparará la tierra y sembrará las semillas, y se turnarán para cultivar y cuidar fielmente el huerto. Los rábanos y las lechugas son excelentes para este proyecto en la mayoría de climas. Si no, seleccione cultivos que sean apropiados para su zona. Use los esfuerzos agrícolas para enseñar a los jóvenes el principio bíblico de sembrar y cosechar. Pida que los jóvenes cuenten a los demás del grupo lo que han aprendido en su experiencia en el huerto, respecto a las decisiones y consecuencias. Los jóvenes pueden estudiar historias bíblicas respecto a la agricultura y a las plantas.

Cuando llegue la cosecha el grupo de jóvenes puede reunirse para cosechar, y luego repartir el producto entre las familias de la iglesia, principalmente aquellas que están más necesitadas.

8 | Título: **La alcancía del amor**
Tiempo: **Continuo**
Tamaño del grupo: **Cualquiera**

Materiales: Una alcancía.

Consiga una alcancía grande y tráigala a la reunión de jóvenes. Póngale el rótulo: **La alcancía del amor.** Pida que los jóvenes traigan voluntariamente lo que deseen o puedan, para depositarlo en la alcancía en cada reunión. Al final de cada reunión una comisión de por lo menos dos jóvenes deberá contar el dinero, y guardarlo en un lugar seguro o depositarlo en una cuenta de ahorros, o en una cuenta especial del mismo tesoro de la iglesia. Cada tres meses, por ejemplo, los jóvenes seleccionarán una persona necesitada a quien ayudarán. Pudiera ser un joven cuya familia atraviesa dificultades económicas especiales, una madre de la iglesia que acaba de tener un nuevo bebé, o alguna familia necesitada que alguien del grupo conoce. Los jóvenes pueden ir en grupo a entregar la ofrenda de amor, o una comisión del grupo de jóvenes puede hacer la entrega de la ayuda, si acaso esto es más conveniente.

Título: Caminata de oración
Tiempo: 30 minutos
Tamaño del grupo: Cualquiera
Materiales: Ninguno.

Guíe a los jóvenes a organizar una caminata de oración, una vez por semana, durante cuatro semanas. Los jóvenes que asisten al mismo colegio o escuela secundaria, se reunirán antes o después de clases, y recorrerán el perímetro del plantel orando por otros estudiantes. Después de la caminata final realice una reunión juvenil en su iglesia, y pida que los jóvenes inviten a otros compañeros de escuela a asistir.

IDEAS PARA REUNIONES EN DIFERENTES LUGARES

Lugar: Aeropuerto
Tema: Sueños
Tiempo: 20 a 25 minutos
Tamaño del grupo: **Cualquiera**
Materiales: Biblias, papel y lápices.

Para realizar esta actividad los jóvenes se reunirán en algún lugar cerca a un aeropuerto, donde puedan ver y oír los aviones.

Lea en voz alta Romanos 5:2-5 y 15:4. Distribuya papel y lápices, y pida que cada joven y señorita escriba las diferentes esperanzas y sueños que tiene para su propia vida personal y espiritual. Luego deben hacer un avión con el papel, y hacerlo volar. Realice un concurso para ver cuál avión vuela más lejos, cuál vuela con más gracia, cuál vuela más disparatadamente, etc. Luego pregunte: **¿De qué forma estos aeroplanos de papel se parecen a nuestras esperanzas y sueños? ¿Qué necesitan los aviones de papel para volar bien? ¿Qué necesitan los aeroplanos de verdad para volar? ¿Qué necesitan nuestros sueños y esperanzas para triunfar? ¿Qué papel juega la esperanza para hacer "volar" los sueños? ¿Qué papel juega la fe?**

Pida que cada persona recoja uno de los aviones (no el propio) y lea en voz alta lo escrito en el papel. Pregunte: ¿Es una buena idea comparar el vuelo del sueño de una persona con el de otra? **¿Por qué sí o por qué no? ¿Qué piensas que es el sueño más grande de Jesús para nosotros? Explica.**

Lugar: Playa
Tema: El amor de Dios
Tiempo: 45 a 55 minutos
Tamaño del grupo: **4 a 12 personas**
Materiales: Un lugar en una playa rocosa, baldes, agua, palas de mano, latas de café, y Biblias.

Busque un lugar rocoso en una playa. Forme dos grupos. El grupo 1 debe construir el castillo de arena más fuerte posible. El grupo 2 debe construir un castillo con rocas, conchas, madera y otros objetos que encuentre en la playa. Instruya a los jóvenes que lo hagan con calma, y que usen su genio creativo.

Cuando los castillos estén terminados, instrúyeles que destruyan el castillo del otro equipo usando baldes de agua. Luego lea Mateo

7:24-29. Trace una línea en la arena. Pida que los jóvenes piensen en cosas que les han ayudado a establecer un firme cimiento en sus vidas, y que las escriban en la arena, a un lado de la raya. Luego pida que escriban en el otro lado de la línea cosas que pudieran debilitar su cimiento. Pida que expliquen ambas respuestas.

Pregunte: **¿En qué se parece el daño que los baldes de agua causaron en los castillos al daño que las circunstancias adversas causan en nuestras vidas? ¿Cuán cerca de Dios te sientes cuando las "aguas" te caen encima? Explica. En tu experiencia, ¿cuál es el mejor cimiento sobre el cual edificar? Explica. ¿De qué forma el amor de Dios es como un cimiento fuerte?**

Pida que los jóvenes piensen en la amplitud, la profundidad y el poder del océano. Luego lea en voz alta Romanos 8:38-39. Diga: **Ni siquiera el poder de todas las aguas del océano pueden separarte del amor de Dios. Por eso es que el amor de Dios es el mejor cimiento para la vida.**

Pida que los jóvenes construyan juntos con la arena un monumento al amor de Dios en sus vidas.

Lugar: **Bote, barco o embarcadero.**
Tema: **Prioridades**
Tiempo: **40 a 45 minutos**
Tamaño del grupo: **Cualquiera**
Materiales: Volantes de publicidad para entregar a los
        jóvenes.

Por lo menos con una semana de anticipación prepare volantes de publicidad para entregar a cada joven en su iglesia. La leyenda del volante debe decir: "Imagínate que eres Noé. Sabes que va a llover por 40 días y 40 noches. También sabes que toda la tierra va a quedar cubierta con agua. Dios te dice que te permitirá a ti y a otras pocas personas embarcarse en Su nave, el Timón Santo. El espacio en el Timón Santo es extremadamente limitado. Puedes traer solo lo que puedas cargar en tus brazos. ¿Qué traerías? Piensa sobre esto en esta semana, y trae esos artículos a la próxima reunión."

No olvide incluir la fecha, la hora y el lugar de la reunión (preferiblemente un bote, barco o embarcadero).

En la reunión, pida que cada joven y señorita presente los artículos que trajo y que explique por qué los seleccionó y los trajo. Pregunte:

¿Hubo algún artículo demasiado grande como para traerlo? Explica. ¿Por qué escogiste los artículos que trajiste? ¿Qué indican las cosas que escogiste respecto a las prioridades "regulares" en tu vida? ¿De qué forma afectará esta experiencia la manera en que vives tu vida de aquí en adelante? ¿Piensas que tus prioridades cambiarán radicalmente? ¿Por qué sí o por qué no?

 Lugar: **Cementerio**
Tema: **Muerte**
Tiempo: **35 a 40 minutos**
Tamaño del grupo: **4 a 6 personas**
Materiales: Papel, lápices y Biblias.

Reúna a los jóvenes en el cementerio local. Distribuya papel y lápices, y pida que los jóvenes seleccionen alguna lápida que les llame la atención, y dibujen un boceto de ella en el papel, copiando el epitafio que consta en esa lápida. Conceda cinco minutos para esta actividad. Luego los jóvenes deben volver al punto de reunión.

Cuando el grupo esté nuevamente reunido, pida que cada uno, por turno, indique su boceto y lea el epitafio que copió. Pida que cada persona indique cómo se imagina que era la persona cuyo cadáver yace en la tumba cuya lápida copió. Luego pregunte: **¿Qué se siente al hablar de personas que ya han muerto? Explica. ¿Piensas que estas personas ya están en el olvido? ¿Por qué sí o por qué no? ¿Qué sientes al pensar en tu propia muerte? Explica. ¿Tienes miedo de morir? ¿Por qué sí o por qué no? ¿Qué significa morir?**

Lea en voz alta Juan 11:25-26. Luego pregunte: **¿Qué significa para nosotros la resurrección? ¿En qué forma tu fe en Jesucristo afecta tu actitud hacia tu propia muerte? ¿hacia la muerte de otros? ¿respecto a la muerte de tus padres? ¿respecto a mi muerte?**

 Lugar: **Predios de la iglesia**
Tema: **La Biblia**
Tiempo: **45 a 55 minutos**
Tamaño del grupo: **3 o más personas**
Materiales: Papel, tijeras, lápices y Biblias.

En hojas separadas de papel escriba cada una de las siguientes pistas bíblicas: ¿Preocupado? Mateo 11:25-30; ¿Solo? Juan 14:16-20;

¿Desalentado? Salmo 34; ¿Triste? Juan 14; ¿Inseguro de quién eres? Efesios 2:19-22; ¿Enfrentando decisiones serias? Santiago 1:5-8; ¿Deprimido? Romanos 5:3-5; ¿Temeroso? Salmo 46:1-3; ¿Demasiado hastiado como para seguir haciéndole frente a la vida? Efesios 6:10-17; ¿Preocupado por tu apariencia? 1 Samuel 16:7; ¿Tentado? 1 Corintios 10:13; ¿Sintiéndote como que nadie te quiere? Romanos 8:38-39.

Coloque cada referencia en una Biblia diferente, como un marcador de libro para el pasaje respectivo. Esconda las 12 Biblias en diferentes lugares del templo o los predios de la iglesia. Forme grupos de tres o más personas. Prepare acertijos fáciles dando indicios y pistas para localizar cada Biblia, y divida estos acertijos entre los grupos.

Cuando un grupo halla una Biblia, deben leer el pasaje bíblico indicado, y dialogar sobre alguna ocasión en que su estado emocional reflejaba lo que indica el papel. Indique que deben explicar lo que ocurrió, y cómo la situación hubiera sido diferente si hubieran seguido la enseñanza bíblica. Luego deben avanzar al siguiente acertijo.

Cuando todos los grupos hayan concluido su búsqueda, deben regresar al salón de reunión. Pida que un representante de cada grupo explique al grupo entero el "tesoro" que encontraron, y lo que han aprendido de la Biblia.

 6 Lugar: **Habitación grande sin ventanas.**
Tema: **La luz de Dios**
Tiempo: **20 a 25 minutos**
Tamaño del grupo: **2 a 8 personas**
Materiales: Una habitación grande sin ventanas, una linterna de mano, una Biblia.

Reúna al grupo en alguna habitación grande de la iglesia, que no tenga ventanas, y apague la luz. Usando la linterna de mano lea en voz alta Salmo 139:7-12. Apague la linterna y pregunte: **¿Cómo se siente al estar juntos en la oscuridad? ¿En qué forma se parece esta situación a estar "a oscuras" en algún aspecto de la vida?**

Pida que piensen en algún aspecto o área de sus vidas en las cuales se sienten como "a oscuras." Pregunte: **¿Cómo se sienten respecto a esa área? ¿Cómo piensan que Dios se siente respecto a su situación? ¿Qué quiere decir este pasaje al decir que las tinieblas y la luz son lo mismo para Dios?**

Encienda de nuevo la linterna, y pregunte: Si esta habitación representa las áreas de nuestra vida donde estamos a oscuras, ¿qué representa la linterna? Lea en voz alta Isaías 60:1-3. Pregunte: **¿De qué forma es Jesús una luz en nuestras vidas? ¿Cómo podemos permitirle que brille en esos lugares que están a oscuras en nuestras vidas?**

Apague de nuevo la linterna. Canten el himno "Jesús es la luz del mundo" o algún otro canto apropiado que hable de Jesús como la luz en nuestras vidas. Concluya con una oración, pidiendo que Dios guíe a los jóvenes y señoritas en Su luz gloriosa.

Lugar: **Arroyo o quebrada**
Tema: **Agua viva**
Tiempo: **30 a 35 minutos**
Tamaño del grupo: **Cualquiera**
Materiales: Biblias y una fuente de agua.

Pida que los jóvenes traigan a la reunión algún recipiente o envase que pueda contener líquido. Puede ser de cualquier forma o tamaño, pero debe tener tapa. Cuando los jóvenes se hayan reunido, lleve al grupo caminando al destino secreto seleccionado (un arroyo, quebrada, lago, o algún otro sitio donde haya agua corriente o potable). Al llegar al sitio, pida que los jóvenes llenen de agua sus recipientes.

Lea en voz alta Juan 4:5-14. Guíe a los jóvenes en un torbellino de ideas respecto a cómo todos pueden ser tan diferentes, (como la forma de los envases) y, sin embargo, todos contener agua. Luego realicen un torbellino de ideas respecto a las maneras en que el agua viva puede ser usada por intermedio de ellos. Pida que lleven consigo los envases con agua, como recordatorios de que cada uno puede estar lleno del agua viva de Cristo, y todavía ser un individuo único en particular.

Lugar: **Granja o huerta**
Tema: **Hablar de Cristo**
Tiempo: **40 a 45 minutos**
Tamaño del grupo: **Cualquiera**
Materiales: Bolsas de tela o baldes, Biblias.

Consiga permiso del dueño de una granja o huerta, a fin de llevar a los jóvenes a sus campos después de la cosecha de maíz, trigo o cebada. Empiece la actividad con una oración, y lea en voz alta Mateo 9:35-38.

Luego instruya a los jóvenes y señoritas que deben recorrer los surcos en el sector seleccionado, y recoger las mazorcas que han quedado en las matas o que han caído al suelo. Si se trata de trigo o cebada deben espigar. El término agrícola en algunos lugares es "rebusco" o "barbecho." Los jóvenes deben llenar sus bolsas o baldes, y traer todo lo recogido a un punto convenido. Allí decidirán a quién entregarán el producto recogido, como ofrenda de amor y testimonio de la iglesia. Pregunte: **¿Qué quiere decir creer en el "Señor de la mies"? ¿Es hablar de Cristo semejante a la cosecha? ¿Por qué sí o por qué no? ¿Qué quiere decir Jesús cuando dice que los obreros son pocos? En este pasaje, ¿nos ordena que seamos obreros? ¿Cuál es exactamente Su mandamiento? ¿Por qué piensas que Él nos ordenó orar antes que simplemente ir?**

En algunos lugares incluso puede ser posible ayudar al dueño de la granja o huerta por una tarde durante la cosecha real. En ese caso, haga las adaptaciones necesarias.

9 Lugar: **Colina**
Tema: **Bienaventuranzas**
Tiempo: **30 a 35 minutos**
Tamaño del grupo: **5 o más personas**
Materiales: Biblias, y un lugar en alguna colina cercana.

Reúna al grupo de jóvenes y señoritas en las faldas de alguna colina cercana al templo, y lea en voz alta el Sermón del Monte, empezando en Mateo 5. Luego asigne a cada persona una de las bienaventuranzas que constan en Mateo 5:3-12. Diga: **Encuentra en esta colina algo que represente el versículo que se te ha asignado, y tráelo. Alístate para indicar por qué el objeto que seleccionaste representa tu versículo**. Concluya con un canto o elevando la oración modelo registrada en Mateo 6:9-13.

Lugar: **Cárcel**
Tema: **Trampas**
Tiempo: **80 a 90 minutos**
Tamaño del grupo: **2 a 8 personas**
Materiales: Biblias.

Póngase en contacto con el líder del ministerio en la cárcel local, si en su área o ciudad existe tal ministerio. Lleve a un grupo de sus jóvenes a una de las reuniones de estudio bíblico en la cárcel. Las señoritas pudieran ir a la cárcel de mujeres. Anime a los jóvenes a conversar con los reclusos que asisten al estudio bíblico, dialogando sobre la vida en la prisión.

Después del estudio bíblico reúna a los jóvenes en algún lugar apropiado fuera de la cárcel, y pídales que digan sus impresiones respecto a los presos y su diálogo con ellos. Pídales que indiquen cómo se sentirían si ellos estuvieran recluidos en esa prisión. Lea en voz alta Hechos 16:14-40, el relato del encarcelamiento de Pablo. Pregunte: **¿Hay algún aspecto en tu vida que te hace sentir como si estuvieras prisionero? Explica. ¿Cómo se compara la reacción de Pablo en la prisión con tu reacción? ¿Qué podemos hacer cuando nos sentimos "atrapados" en alguna situación en nuestras vidas?**

Diga: **Aun cuando la mayoría de presos están en la cárcel por crímenes que han cometido, ocasionalmente alguien es acusado injustamente de algún delito y va a parar a la cárcel de todas maneras. Eso ocurre también algunas veces en nuestras vidas, y podemos vernos atrapados en algún problema debido a las acciones de alguna otra persona, como por ejemplo, un padre o madre que nos ultraja, o un amigo que es desleal. Pero Jesús tiene todas las llaves para libertarnos de cualquier trampa, sin que importe cómo caímos en ella.**

Lugar: **Cocina**
Tema: **Lidiando con problemas**
Tiempo: **80 a 90 minutos**
Tamaño del grupo: **Cualquiera**
Materiales: Cartulina amarilla y anaranjada, tijeras, Biblias y provisiones para desayuno.

Usando cartulina, cartoncillo o papel grueso amarillo y anaranjado, recorte una luna y un sol para cada joven y señorita de su grupo. Escriba o fotocopie en cada luna las palabras del Salmo 30:5. En una reunión regular del grupo, déle a cada persona una luna y lea en voz alta Salmo 30:5. Diga: **En la luna de papel que has recibido, escribe un problema con el cual estás bregando. Dedica cinco minutos para orar acerca de ese problema. Luego llévate esa luna a casa y ponla debajo de la almohada. Tráela mañana para un desayuno especial de alegría.**

A la siguiente mañana prepare un desayuno ligero para los jóvenes y señoritas. Reúnanse en una cocina y canten cantos alegres. Déle a cada persona un sol de papel anaranjado. Diga: **Lee el problema que anotaste en tu luna. En el sol que has recibido, escribe cómo tu perspectiva ha cambiado durante la noche.** Lea de nuevo en voz alta Salmo 30:5 y hable sobre cómo Dios puede hacer todo nuevo en nuestras vidas.

Lugar: **Cerca de una pared grande**
Tema: **Intimidad con Dios**
Tiempo: **25 a 30 minutos**
Tamaño del grupo: Cualquiera

Materiales: Papel periódico, Biblias, cinta adhesiva, y marcadores de colores.

Coloque hojas de papel periódico, con cinta adhesiva, en una pared grande fuera o cerca del templo. Mientras más grande, mejor. En la parte superior escriba "La Pared." Distribuya Biblias y pida que voluntarios lean en voz alta Jeremías 3:12-13; Oseas 13:7-8; Lucas 22:39-44; Filipenses 2:5-8; y 1 Juan 4:8. Déle a cada joven y señorita un marcador, y pídales que dibujen en el papel un símbolo que ilustre algo que les impide tener intimidad con Dios.

Cuando hayan concluido, pida que cada persona explique su símbolo. Luego pida que cada persona arranque un pedazo de papel, y en el reverso escriba una manera de derribar la pared que los separa de Dios. Cuando estén listos pida que cada uno explique su respuesta. Luego pida que usen sus pedazos de papel para crear una entrada o marco de una puerta. Pegue con cinta adhesiva este marco de papel en la pared del salón de reuniones de jóvenes, indicándoles que esa puerta será para ellos un recordatorio de que pueden usarla cada vez que quieran acercarse más a Dios.

13

Lugar: **Parque o campo abierto**
Tema: **Fe**
Tiempo: **35 a 45 minutos**
Tamaño del grupo: **Cualquiera**
Materiales: Un día ventoso, una cometa (papalote) y cuerda para cada joven y señorita. También una Biblia.

En un día ventoso lleve a los jóvenes a un parque o sitio abierto para hacer volar las cometas (papalotes). (Si es necesario, consiga materiales para que los jóvenes hagan las cometas una semana anterior al día de hacerlas volar). Realice un concurso para ver la cometa que vuela más alto, la que vuela más lejos, o la que más se estrella en un lapso de 10 minutos. Después de que los jóvenes hayan hecho volar las cometas por un tiempo, reúnalos en un círculo. Pregunte: **¿Es divertido hacer volar las cometas o papalotes? ¿Por qué sí o por qué no? ¿En qué forma te pareces a una cometa? ¿Qué necesita una cometa para poder volar? ¿De qué manera hacer volar una cometa es como confiar en Dios? ¿De qué manera hacer volar una cometa es una ilustración de vivir por fe en el poder de Dios?**

Lea en voz alta Hebreos 11:1. Pregunte: **¿Cómo podemos relacionar lo que dice este versículo a la acción de hacer volar las cometas? ¿a vivir por fe?**

14

Lugar: **Campo abierto o lugar donde jugar**
Tema: **Perdón**
Tiempo: **20 a 25 minutos**
Tamaño del grupo: **6 o más personas**
Materiales: Tarjetas de archivador o pedazos de cartulina, lápices y Biblias.

Lea en voz alta Salmo 5:4 y Romanos 5:12. Pida que cada joven y señorita anote en una tarjeta algunas de las ocasiones en que han pecado o que desobedecieron a Jesús en la semana pasada. Luego instrúyales que estrujen sus tarjetas, que las conviertan en bolitas, y que cada uno la coloque dentro de un zapato. Realice luego una actividad que exija acción, como por ejemplo una carrera de relevos, o un breve partido de voleibol o básquetbol. Después de la actividad, pida que comenten comparando lo que sintieron al tener la tarjeta estrujada en su zapato a lo que se siente cuando se tiene algún pecado que no se ha resuelto ante Dios. Pregunte: **¿Cómo afecta el pecado a las personas con el correr del tiempo? ¿Qué papel juega la culpa para hallar alivio del pecado? ¿Cuál es la diferencia entre el sentirse culpable y sentir la convicción del Espíritu Santo?**

Pida que voluntarios lean en voz alta Mateo 26:28; Hechos 10:43 y 1 Juan 1:9. Pregunte: **¿De qué manera el perdón nos libra de los efectos del pecado?** Pida que cada persona retire de su zapato la bola de papel. Después de una oración pidiendo perdón, instrúyeles que hagan pedazos sus tarjetas, como símbolo del perdón de Dios en sus vidas.

15 Lugar: **Río, lago o arroyo**
Tema: **Servir a otros**
Tiempo: **25 a 30 minutos**
Tamaño del grupo: **2 a 12 personas**
Materiales: Toallas y una Biblia

Cerca de un río, lago o arroyo, pida que los jóvenes y señoritas se sienten en semicírculo y se quiten los zapatos. Sin decir nada, moje la toalla en el agua y calladamente empiece a lavar los pies de los jóvenes, uno por uno. Converse con ellos mientras ejecuta esta acción, y observe sus reacciones. Después de que haya lavado los pies de todos, lea en voz alta Juan 13:4-17. Luego pregunte: **¿Cómo se sintieron cuando les lavaba los pies? ¿En qué se parecen sus reacciones a las reacciones de los discípulos en este pasaje? ¿Por qué Jesús les lavó los pies a Sus discípulos? ¿Por qué les lavé yo los pies a ustedes? ¿Qué podemos aprender de esta experiencia?**

16 Lugar: **Centro comercial**
Tema: **Posesiones**
Tiempo: **35 a 40 minutos**
Tamaño del grupo: **Cualquiera**
Materiales: Biblias, papel y lápices.

Reúna a los jóvenes y señoritas en un centro comercial de su localidad. Indíqueles que deben recorrer y ver las vitrinas, anotando en una hoja de papel todas las cosas que les gustaría tener. Señale el tiempo en que deben regresar al punto de reunión. Cuando los jóvenes hayan regresado al punto indicado, reúnalos en círculo y lea en voz alta Mateo 6:24-34. Dialoguen sobre la importancia de las posesiones en la vida. Pregunte: **¿Qué sintieron al soñar despiertos acerca de todas las cosas que querían? ¿Por qué nos atraen tanto las posesiones? ¿Definen realmente las posesiones lo que somos como personas? ¿Por qué sí o por qué no? ¿Por qué es tan importante saber quiénes somos? ¿Cómo ve Dios las posesiones? ¿Por qué la perspectiva de Dios con frecuencia es tan diferente a la nuestra? ¿Cómo serían diferentes nuestras vidas si asumiéramos la actitud de Dios hacia las posesiones? ¿Cómo podemos hacerlo en una manera práctica?**

17

Lugar: **Jardín zoológico**
Tema: **Libertad en Cristo**
Tiempo: **45 a 45 minutos**
Tamaño del grupo: **Cualquiera**
Materiales: Biblias.

Lleve al grupo de jóvenes a un parque zoológico. Al entrar, reúna a los jóvenes y señoritas en un círculo, y lea en voz alta Gálatas 3:21-29 y 5:1. Pida que comenten acerca de lo que significa para ellos la libertad. Recorran el zoológico, y pida que los jóvenes indiquen cómo se mantiene encerrados a los diferentes animales. Pregunte: **¿Cómo te sientes al ver a los animales enjaulados? ¿Es para protegerlos a ellos o para protegernos a nosotros? ¿En qué forma algunas personas a veces están enjauladas así como estos animales? ¿Cuáles son algunas de las "jaulas" en que la gente se deja encerrar? ¿Qué significa ser esclavos del pecado? ¿Cómo es que Cristo nos ha dado el poder de ser libertados de las jaulas que nos habían atrapado en el pasado? ¿Cómo podemos apropiarnos de esa libertad?**

ACTIVIDADES
DE AFIRMACIÓN
PERSONAL

Título: **Adjetivos de aprecio**
Tiempo: **5 a 10 minutos**
Tamaño del grupo: **Cualquiera**

Materiales: Ninguno.

Forme un círculo. Pida que los jóvenes y señoritas observen a las personas en el círculo y en silencio piensen en una palabra que describa positivamente a cada persona. Deben pensar en una sola palabra para cada persona. Luego cada participante, por turno, mirará a cada persona en el círculo y dirá la palabra que pensó para esa persona.

Título: **Globos mensajeros**
Tiempo: **5 a 10 minutos**
Tamaño del grupo: **Cualquiera**

Materiales: Globos, marcadores, cuerda o hilo.

Déle a cada persona un globo y un pedazo de cuerda o hilo. Pida que cada participante infle su globo y lo ate a su tobillo. A la señal de "¡Ahora!" cada persona tratará de pisar el globo de otra persona para reventarlo. Cuando hayan reventado todos los globos, pida a los muchachos y muchachas que comenten cómo el hecho de reventar un globo se parece a decir un comentario descomedido o hiriente respecto a otra persona. Distribuya los marcadores y déle a cada persona otro globo, Pida que lo inflen, y que escriban su nombre en él. Luego instruya que se lo pasen a otra persona, y cada uno debe escribir en el globo algo positivo respecto a la persona cuyo nombre consta en ese globo.

Título: **Banderines de estímulo**
Tiempo: **20 a 30 minutos**
Tamaño del grupo: **Cualquiera**
Edad: **15 años para arriba**

Materiales: Papel periódico, cinta adhesiva y marcadores.

Cada joven debe crear un banderín o emblema y escribir en él su propio nombre. Luego debe colocarlo en la pared del salón de reunión, fijándolo con cinta adhesiva. Entonces los demás jóvenes y señoritas se dirigirán a cada banderín por turno, y dibujarán un símbolo o dibujo, o escribirán una nota que describa algo que admiran en esa persona. Recoja todos los banderines y guárdelos en algún lugar apropiado en el edificio de la iglesia. Cada mes exhiba en el salón de reunión de jóvenes los banderines de los jóvenes que cumplen años en ese mes, y pida que los demás añadan nuevas afirmaciones durante todo ese mes. Al final del año, entregue a cada persona el banderín que le pertenece.

Título: Festival de cumpleaños
Tiempo: 20 a 30 minutos
Tamaño del grupo: Cualquiera
Materiales: Ninguno.

Organice un programa "Esta es tu vida" para los jóvenes en sus cumpleaños. Invite a los padres, amigos, profesores, y incluso jefes (si los muchachos ya están trabajando). Pida que el cumpleañero o cumpleañera tome asiento en una silla al frente del salón. Luego pida que cada persona se presente a sí mismo, diciendo: "Conocí a (nombre del cumpleañero) cuando tenía . . . ." Pida que los invitados digan por qué aprecian al homenajeado y que añadan algún dato o detalle poco conocido y positivo de la persona.

Título: Confianza ciega
Tiempo: 5 a 10 minutos
Tamaño del grupo: 6 o más personas
Materiales: Ninguno.

Forme un círculo amplio y escoja a una persona para que sea el "caminante." Coloque a esta persona en el centro del círculo. Pídale que cierre los ojos y hágale dar dos o tres vueltas en su sitio. Luego pida que empiece a caminar sin abrir sus ojos. Indique a los demás miembros del grupo que ellos son responsables de cuidar la seguridad del caminante y dirigirle siempre hacia el centro del círculo. Después de unos pocos minutos, escoja a un nuevo caminante. Como variación seleccione dos o más caminantes, indicándoles que caminen al mismo tiempo. Instruya a los demás que deben evitar que los caminantes se tropiecen entre sí (o contra cualquier objeto). Luego pida que los jóvenes comenten lo que esta experiencia les enseña en cuanto a confiar.

Título: **Envase de cariño**
Tiempo: **90 a 120 minutos**
Tamaño del grupo: **Cualquiera**

Materiales: Un frasco o envase grande con tapa, 365 pedazos de papel, y bolígrafos.

Pida que el grupo corte 365 tiras u hojitas de papel, y que escriban una frase de estímulo y aliento en cada una. Llene el frasco con las tiras u hojitas de papel, y entréguelo a un joven o señorita que atraviesa una necesidad especial de cariño y respaldo. Dígale al joven o señorita que lea una nota cada día del año.

Título: **Vivir en la iglesia**
Tiempo: **Una semana**
Tamaño del grupo: **Cualquiera**
Edad: **16 años para arriba**

Materiales: Los jóvenes deben conseguir sus propias provisiones.

Para promover la unidad organice grupos de jóvenes y/o señoritas para que vivan durante una semana en el edificio de la iglesia, a modo de retiro o campamento. Fije metas y objetivos para la semana, consiga líderes adultos que sirvan como consejeros, y luego pida a los que desean participar que firmen una nota comprometiéndose a vivir una semana en el edificio de la iglesia y a obedecer las reglas dadas y a los directores de la actividad. Cada mañana, antes de ir a clases, desayunen juntos y tengan un breve momento devocional. Después de clases, conceda tiempo para tareas escolares y tiempo libre. Los jóvenes y señoritas se turnarán para preparar las comidas, hacer la limpieza, barrer el piso y limpiar los inodoros y baños. Cada noche tenga un tiempo de adoración y testimonios. Al final de la semana llévelos a comer fuera para "evaluar" los eventos de la semana. Pida a los participantes que digan lo que aprendieron los unos de los otros, tanto bueno como no tan bueno. Pida a los muchachos y muchachas que expliquen cómo ha cambiado su definición de cariño y amistad durante la semana.

Título: **Círculo de luz**
Tiempo: **20 a 60 minutos**
Tamaño del grupo: **3 o más personas**

Materiales: Velas y fósforos.

Forme un círculo y encienda una vela. Empiece sosteniendo la vela encendida y diciéndole al grupo algo que usted aprecia de alguna de las personas en el círculo. No diga a quien se refiere. Cuando concluya su comentario, entregue la vela a la persona a quien acaba de describir. Esa persona, entonces, dirá un comentario de aprecio respecto a otra persona, y le pasará la vela encendida al concluir. Continúe este proceso hasta que toda persona haya recibido por lo menos un comentario de afirmación.

Título: **Elogios escondidos**
Tiempo: **10 a 15 minutos**
Tamaño del grupo: **Cualquiera**

Materiales: Papel y marcadores o bolígrafos.

Por sorteo cada semana o cada mes, escoja un joven o señorita diferente. Pida que los participantes escriban notas tales como: "Te queremos mucho, (nombre)"; "¡Eres una excelente persona!"; o "Gracias por ser nuestro amigo." Consiga permiso de los padres del joven o señorita, para ir a su domicilio cuando dicho joven o señorita no se halle en casa. Otro joven o señorita llevará 10 o 15 notas, irá al domicilio, y las colocará en diferentes lugares de la casa en donde el joven o señorita las pueda ver. Puede poner una nota debajo de la almohada, encima del asiento del inodoro, dentro del refrigerador.

Título: **Pantalones de diseño**
Tiempo: **10 a 15 minutos**
Tamaño del grupo: **Cualquiera**

Materiales: Papel y marcadores.

Déle a cada joven una hoja de papel y un marcador, y pídales que dibujen en la hoja el bolsillo trasero de un pantalón. Cada persona entonces debe escribir su propio nombre en el bolsillo, y una breve descripción positiva de sí mismos. Por ejemplo, alguien pudiera escribir: "amable, cariñoso, leal." Después, pida que cada uno explique el diseño que creó. Conforme la persona describe el bolsillo que ha preparado, anime a los demás a sugerir otras cualidades positivas que tiene la persona. Felicite a los participantes por identificarse en una forma positiva.

Título: **Unidad de dominó**
Tiempo: **10 a 15 minutos**
Tamaño del grupo: **12 o más personas**
Materiales: Fichas de dominó.

Déle a cada persona una ficha de dominó. Los jóvenes colocarán cada uno su ficha en forma apropiada como para formar una figura que habrán seleccionado. Cuando todos hayan colocado su ficha, pídales que digan qué similitud encuentran entre el diseño o figura que han construido y el Cuerpo de Cristo, y qué similitud hay entre la acción de construir esa figura con fichas de dominó y la acción de edificar el Cuerpo de Cristo. Pregúnteles si se ven a sí mismos como una de las fichas de dominó, en relación a la familia de Dios. Después de algunas participaciones, con suavidad pida que alguien empuje suavemente la ficha que se halla a un extremo de la hilera, para que toda la serie de fichas caiga. Pídales que comparen la caída de fichas con lo que ocurre en el cuerpo de Cristo cuando alguien atraviesa adversidad o "se aleja" de Dios.

Título: **Mensajes felices escondidos**
Tiempo: **5 a 10 minutos**
Tamaño del grupo: **Cualquiera**
Materiales: Globos, papel, lápices, bolígrafos o marcadores, y cinta adhesiva.

Escriba un mensaje corto, estimulante, para cada joven o señorita del grupo. Ponga una nota en un globo diferente e ínflelo. Luego escriba el nombre de cada persona en cada globo por fuera. Con cinta adhesiva sujete los globos a las sillas del salón de jóvenes antes de que lleguen. Después de que hayan llegado, celebre las cualidades únicas de cada persona, instruyéndoles que cada uno reviente su globo y lea el mensaje que está adentro.

Título: El sombrero
Tiempo: 15 a 20 minutos
Tamaño del grupo: Cualquiera
Materiales: Papel y bolígrafos, y un sombrero.

Escriba el nombre de cada joven o señorita del grupo en tiras separadas de papel y colóquelas en un sombrero. Pida que cada persona saque un papel, que lea el nombre escrito, y que diga algo que aprecia de esa persona. Instruya a cada persona que guarde el papel que sacó, y que ore por esa persona durante la semana que sigue.

Título: Héroes de titulares
Tiempo: 20 a 30 minutos
Tamaño del grupo: Cualquiera
Materiales: Fotografías de los miembros del grupo, revistas, cartulina, cartoncillo, marcadores y cinta adhesiva.

Usando retratos de sus jóvenes y señoritas, y revistas populares, afirme a varios de los miembros del grupo diseñando la cubierta de una revista con el retrato de esa persona en ella. Reemplace el retrato de la cubierta de la revista, y los títulos de los artículos, con los que el grupo ha creado. Ponga en la cubierta títulos de artículos tanto serios como cómicos que estimulen y promuevan la estimación propia del joven o señorita. Pegue la cubierta en cartoncillo o cartulina y preséntela durante la reunión juvenil.

Título: Noche de tareas escolares
Tiempo: 90 minutos
Tamaño del grupo: Cualquiera
Materiales: Mesas, equipo de sonido, y refrescos.

Seleccione una noche, aparte de la reunión semanal regular de jóvenes, para tener una noche de tareas escolares y música. Arregle mesas y sillas en el salón juvenil. Vigile el grupo para asegurarse de que los jóvenes en efecto estudian y hacen sus tareas escolares, pero permítales que se ayuden unos a otros en las materias difíciles. Cuando la sesión haya concluido, suba el volumen del equipo de sonido, y como recompensa a su labor permita que los muchachos y muchachas disfruten de refrescos y se diviertan.

Título: ¿Cuánto me conoces?
Tiempo: 35 a 45 minutos
Tamaño del grupo: 6 o más personas
Materiales: Papel y lápices.

Forme parejas y pida que una de las personas de cada pareja salga del salón. Pida que los jóvenes que quedaron formen un círculo. Déle a cada persona siete u ocho tiras de papel y un lápiz, y dígales que escriban allí las respuestas a las preguntas que usted va a hacer respecto al compañero que salió del salón. Por ejemplo: ¿Cuál es el color, comida o animal favorito de tu compañero? ¿En qué le gusta divertirse? ¿Cuál es su grupo musical favorito?

Los jóvenes deben escribir cada respuesta en una tira separada, según lo que piensan que la persona diría. Luego haga que los jóvenes que salieron regresen al salón, y se coloquen de pie detrás de sus parejas respectivas, quienes estarán sentados. Repita las preguntas, por turno, uno por uno, a los que acaban de entrar. Si las respuestas difieren de lo que su respectivo compañero escribió, todos deben hacer ruido como un graznido. Si las respuestas son las mismas, la pareja gana 10 puntos. Anote el puntaje. Luego pida a las parejas que cambien su papel, y repita el juego.

Título: Si yo pudiera
Tiempo: 15 a 20 minutos
Tamaño del grupo: Cualquiera
Materiales: Tarjeta de archivador o pedazos de papel, lápices y una caja.

Déle a cada participante una tarjeta de archivador y pídale que escriba en ella su nombre y la eche en la caja. Después de mezclar las tarjetas, pida que cada persona saque una tarjeta. Por turno, los muchachos y muchachas leerán en voz alta el nombre que consta en la tarjeta que sacaron, y le dirán a esa persona un regalo que le darían si pudieran. Asegúrese que los jóvenes y señoritas comprenden que todos los regalos deben ser positivos, y no se debe dar regalos "de broma."

18

Título: Fiesta de cariño
Tiempo: 20 a 30 minutos
Tamaño del grupo: Cualquiera
Edad: **15 años para arriba**
Materiales: Fogata al aire libre, Biblias, y provisiones para una cena de salchichas (perros calientes).

Reúna al grupo alrededor de una fogata al aire libre, y déle a cada persona una vara o rama para asar su salchicha. Forme parejas. Cada persona debe preparar el sándwich para su compañero. Mientras los jóvenes comen, pida que algunos voluntarios lean en voz alta porciones bíblicas sobre el amor, por ejemplo, 1 Corintios 13, 1 Juan 3 y 5, Romanos 12; y Juan 13—15. Después de que se haya leído la última porción bíblica, pida que los jóvenes, por turno, se pongan de pie junto a alguna persona del grupo, y le digan por qué la quiere y aprecia. Continúe hasta que cada persona haya recibido por lo menos una expresión de cariño.

19

Título: Cordel de amor
Tiempo: 10 a 15 minutos
Tamaño del grupo: Cualquiera
Materiales: Cordel, pinzas para ropa, papel y bolígrafos o marcadores.

Déle a cada joven o señorita una pinza para ropa y pídales que escriban en ella su nombre. Coloque un cordel donde sea fácilmente accesible y coloque allí las pinzas. Pida que los participantes se escriban notas de cariño, de aprecio y de estímulo unos a otros. Los participantes pueden escribir notas respecto a alguna ocasión especial en particular, u ocurrida en cierto período de tiempo. Cuando todos hayan terminado, sujete las notas en la pinza de la persona correspondiente. Los que escriben pueden firmar la nota o dejarla sin firmar. Asegúrese que cada persona reciba una o más notas.

Título: **Parejas valiosas**
Tiempo: **20 a 30 minutos**
Tamaño del grupo: **8 o más personas**
Materiales: Ninguno.

Forme parejas. Luego forme dos círculos concéntricos. Cada persona debe ponerse de pie frente a su pareja, la una en el círculo interior, y la otra en el círculo exterior. Cada quien debe decirle a su pareja algo que aprecia en ella. Luego instruya al círculo interior que gire una persona hacia la derecha. Cada persona dirá entonces algo que aprecia en la persona que tiene al frente. El círculo gira, una persona a la vez, hasta que cada persona regresa a estar frente a su pareja inicial.

Título: **Composición artística**
Tiempo: **30 a 45 minutos**
Tamaño del grupo: **Cualquiera**
Materiales: Revistas, tijeras, cinta adhesiva, cartulina, tiras de papel, bolígrafos o marcadores, y una caja.

Pida que cada persona escriba su nombre en un papel y lo eche en una caja. Pase la caja y pida que cada persona saque un nombre, que no sea el suyo propio. Luego pida que busquen en revistas viejas y recorten palabras o cuadros que describan positivamente la personalidad de la persona que les ha tocado. Los jóvenes deben crear una composición gráfica artística para esa persona, pegando las palabras y los cuadros en una cartulina. Después de que todos hayan terminado, exhiba las composiciones para ver si el grupo puede adivinar a cuál persona describe cada composición. Luego pida que cada persona explique al grupo su composición.

Título: **Predicciones**
Tiempo: **20 a 30 minutos**
Tamaño del grupo: **Cualquiera**
Materiales: Una silla.

Uno por turno, pida que cada persona pase a tomar asiento en la silla que se ha designado como máquina del tiempo. Con la persona sentada en la máquina del tiempo, pida que los demás asistentes ofrezcan sugerencias positivas de lo que el futuro podría guardar para esa persona, basados en los intereses y cualidades positivas que conocen de esa persona. Por ejemplo, alguien podría decir: "Veo que llegarás a ser un escritor famoso porque tienes gran talento para escribir."

Título: Desfile de reconocimiento
Tiempo: 10 a 15 minutos
Tamaño del grupo: 8 o más personas
Materiales: Dulces o caramelos y lana.

Los jóvenes se forman en dos filas paralelas, una frente a la otra. Una persona a la vez desfila entre las filas, mientras que todos lo aclaman. Los jóvenes y señoritas colgarán en el cuello de otra persona una medalla, tal como un caramelo, una galleta o un dulce sujeto con un pedazo de lana. Luego los jóvenes pronuncian discursos breves destacando las cualidades "super estelares" de cada persona.

Título: Tarjetas de felicitación
Tiempo: 10 a 15 minutos
Tamaño del grupo: Cualquiera
Materiales: Tarjetas, marcadores o bolígrafos, y estampillas, si puede y desea usar el correo.

Cada semana seleccione a un joven diferente, al azar, y en secreto haga circular una tarjeta entre los demás jóvenes y señoritas del grupo. Incluya con la tarjeta una nota instruyendo que cada joven debe escribir una cualidad positiva que aprecia en el joven o señorita que se desea homenajear. Indique que deben devolverle la tarjeta a usted, a fin de hacerla llegar al homenajeado, sea por correo o personalmente. Asegúrese de que cada persona en el grupo de jóvenes reciba por lo menos una tarjeta cada año.

Título: Objetos de imagen propia
Tiempo: 20 a 30 minutos
Tamaño del grupo: Cualquiera
Materiales: Ninguno.

Pida que cada joven y señorita traiga a la próxima reunión de jóvenes tres objetos: uno que represente cómo piensan que otros los ven, otro que muestre cómo se ven a sí mismos, y otro más que muestre cómo les gustaría que otros los vieran. Los objetos pueden ser abstractos o concretos, como por ejemplo, poemas, citas célebres, libros o recuerdos. En la reunión, pida que cada persona muestre sus objetos y explique por qué los escogió.

Título: Símbolos significativos
Tiempo: 20 a 30 minutos
Tamaño del grupo: Cualquiera
Materiales: Ninguno.

Los jóvenes y señoritas deben traer una caja o envase pequeño rotulado con su nombre. Mezcle las cajas y repártalas. Cada persona recibe una caja, pero que no sea la suya propia. Diga: **Cada uno tiene 15 minutos para poner en su caja por lo menos tres objetos que simbolicen las buenas cualidades de la persona cuyo nombre aparece en la caja. Pueden usar objetos que hallen en cualquier parte del edificio, y que quepan en la caja.**

Después de los 15 minutos, reúna de nuevo al grupo. Recoja las cajas y entréguelas al dueño respectivo. Luego pida que los jóvenes y señoritas, por turno, abran su caja mientras que las personas que recogieron los objetos simbólicos explican lo que cada uno de los artículos significa. Después de concluida la actividad, los jóvenes y señoritas deben retornar los objetos a su propio sitio.

Título: Cintas grabadas
Tiempo: 25 a 30 minutos
Tamaño del grupo: Cualquiera
Materiales: Grabadora de casetes, casete, papel y lápiz.

Use una grabadora para producir en un casete una grabación progresiva que destaque cosas especiales de alguien en el grupo. Haga circular la grabadora entre los asistentes a una reunión o un retiro. Incluya una nota instruyendo a los jóvenes que deben grabar un mensaje breve, estimulante y cariñoso para la persona seleccionada. Luego presente la cinta como sorpresa al homenajeado. Fije un tiempo límite para cada mensaje. Repita el proceso hasta que cada persona en el grupo haya recibido un casete.

28 Título: **Círculo de lana**
Tiempo: **10 a 15 minutos**
Tamaño del grupo: **8 o más personas**

Materiales: Bola de lana.

Forme un círculo y sostenga en alto una bola de lana o estambre. Sostenga un extremo de la lana y diga en voz alta algo acerca del grupo por lo cual usted está agradecido. Luego lance la bola de lana a otra persona en el círculo, pero sosteniendo el extremo de la lana, de modo que usted quede "conectado" con esa otra persona mediante la lana. Pida que la persona diga en voz alta algo acerca del grupo por lo cual ella está agradecida, y luego lance la bola a otra persona. Continúe este proceso hasta que todo el grupo haya formado una telaraña de lana conectando a todos sus miembros. Pida que los jóvenes dialoguen y comenten cómo la red refleja la necesidad de que todos en el grupo estén conectados unos con otros.

ACTIVIDADES PARA DÍAS FESTIVOS

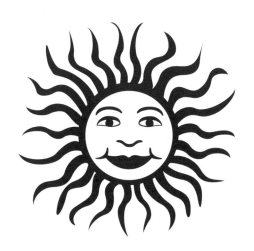

Festividad: **Navidad**
Título: **Serenata de navidad**
Tiempo: **1 a 2 horas**
Tamaño del grupo: **Cualquiera**
Materiales: Ninguno

Reúna a los jóvenes en un sitio apropiado, a fin de ir a varias casas de miembros de la iglesia, miembros del grupo, o personas seleccionadas. Diríjanse a la primera casa, y frente a la misma canten varios villancicos y cantos de navidad. Si entre los jóvenes hay alguien que toque el acordeón, la guitarra u otro instrumento apropiado, puede incluirlo también. Si alguien de la casa sale a agradecer la serenata, indique que vienen de parte del grupo de jóvenes de la iglesia, y como demostración del espíritu de navidad. Luego diríjanse a otro domicilio, y repitan la misma actividad. Concluya en algún hogar determinado de antemano, y ofrezca a los jóvenes chocolate o café caliente junto con algún bocadito, y un breve devocional y oración.

Si los hogares de las personas están muy distantes, pueden seleccionar un barrio o vecindario una noche, y otra noche visitar tres o cuatro hogares que se encuentren próximos los unos de los otros, en otro barrio.

Festividad: **Navidad**
Título: **Los reyes magos**
Tiempo: **30 a 45 minutos**
Tamaño del grupo: **Cualquiera**
Materiales: Papel dorado o coronas de papel, y frutas o caramelos y confites.

Pida que los jóvenes traigan un poco de fruta o un paquete pequeño de caramelos o confites de poco costo. Con el papel dorado cada joven y señorita debe recortar una corona, y colocársela. Luego el grupo se dirigirá por los pasillos del templo hacia las otras clases de Escuela Dominical, cantando "Vamos Reyes Tres a Belén," u otro villancico que hable de los reyes magos. Los jóvenes repartirán una fruta o un caramelo a cada persona en las clases de Escuela Dominical, según la provisión que hayan reunido. Pueden empezar con las clases de niños, y luego visitar las demás.

En algunos casos, la iglesia podría contribuir adquiriendo la fruta o los confites, y los jóvenes realizar la repartición como se ha indicado.

Festividad: **Año Nuevo**
Título: **Fuegos artificiales**
Tiempo: **2 a 3 horas**
Tamaño del grupo: **Cualquiera**
Materiales: Café o chocolate caliente, o refrescos.

Pida que los jóvenes contribuyan con lo que les sea posible para adquirir alguna cantidad de petardos y fuegos artificiales. Reúna al grupo en los predios del templo, en el domicilio de algún miembro que tenga un patio suficientemente grande, o en algún campo abierto apropiado, en la noche del año viejo. Canten alabanzas juveniles, sirva el café o los refrescos, y enciendan los fuegos artificiales o revienten los petardos, procurando usar todas las debidas precauciones. Guarde un petardo o fuego artificial para el final.

Antes de encender o hacer explotar el último petardo, reúna a los jóvenes en un círculo, alrededor de una fogata, si lo desea y es posible, y pida que indiquen sus sueños para el año que entra. Luego eleven una o varias oraciones, pidiendo a Dios a favor de los jóvenes y los sueños que han expresado, y lance el último petardo indicando que simboliza la oración de esperanza de que los sueños que han indicado se conviertan en realidad.

Festividad: **Semana Santa**
Título: **La cruz de la victoria**
Tiempo: **2 a 3 semanas**
Tamaño del grupo: **Cualquiera**
Materiales: Una cruz rústica, un rótulo, flores.

Instruya a los jóvenes y señoritas que construyan una cruz de madera rústica, y la coloquen en el frente del templo unas pocas semanas antes de la Semana Santa. Claven en la cruz un rótulo que diga: "¿Qué significa esto para ti?" Luego, el día de resurrección, reúna a los jóvenes antes del culto, y cubran la cruz con flores frescas o artificiales.

Festividad: **Semana Santa**
Título: **Cena en el Aposento Alto**
Tiempo: **2 a 3 horas**
Tamaño del grupo: **13 o más personas**
Materiales: Materiales y utensilios apropiados para la última cena, una Biblia, y voluntarios adultos.

Poco antes del jueves santo, o la misma noche, reúna al grupo para dramatizar la última cena del Señor Jesús (Mateo 26). Reproduzca la escena lo más fielmente posible. Pida que los jóvenes representen a los diferentes discípulos. La dramatización será más eficaz si los actores principales memorizan la escena y actúan en forma natural. Puede pedir que un grupo de adultos voluntarios prepare y sirva una cena ligera, o puede servir solamente pan y jugo de uva, tratando de imitar la escena descrita en las Escrituras.

Un final memorable para la noche será llevar al grupo en una corta caminata a algún parque o bosque cercano. Reúna al grupo y lea en voz alta el relato de Jesús en el Getsemaní (Mateo 26:36-46). Canten alabanzas, y entonces, como sorpresa para el grupo, haga que soldados y alguien vestido como Judas (todos éstos adultos de la iglesia), lleguen de repente y arresten a Jesús. Regrese a la iglesia y guíe al grupo a dialogar sobre lo que ocurrió y cómo se sintieron al respecto.

Temporada: **Cuando las estaciones empiezan a cambiar**
Título: **Cambio de estaciones**
Tiempo: **1 a 2 horas**
Tamaño del grupo: **Cualquiera**
Materiales: Ninguno.

Planee una reunión alrededor del tema de los cambios en las normas de la sociedad, principalmente en cuanto a la moral y lo que es aceptable. Invite a los padres y pídales que cada uno traiga unas pocas fotografías de sí mismos cuando eran adolescentes o jóvenes, y una muestra de su música favorita en esa edad. Como parte de la reunión incluya un diálogo o debate respecto a los puntos fuertes y debilidades de las generaciones de los padres y de los muchachos. Pida que los jóvenes preparen de antemano una lista de preguntas acerca de algunos de los aspectos de la generación de sus padres que encuentran difíciles de aceptar o seguir;

por ejemplo, por qué los padres parecen interesarse más en que sus hijos sigan una profesión que produce mucho dinero, en lugar de una profesión en que podrían usar mejor sus inclinaciones y talentos naturales. Pida que los padres preparen también algunas preguntas similares.

Temporada: Cualquiera
Título: Ejercicios calisténicos
Tiempo: 2 horas cada semana
Tamaño del grupo: Cualquiera
Materiales: Música y tocacintas.

Uno o más jóvenes o señoritas inclinados al atletismo y al ejercicio pueden organizar y dirigir una clase de ejercicios calisténicos o aeróbicos en la iglesia. Se puede realizar sesiones de dos horas por semana, con el propósito de mejorar o conservar la condición física. Como parte del programa, organice a los participantes en parejas, y pida que cada uno estimule al otro, y también le ayude vigilando su perseverancia. Use estas ocasiones para estimular a los jóvenes y señoritas a desarrollar una vida espiritual saludable. Pida que los participantes se llamen mutuamente por teléfono, por lo menos una vez por semana, para estimularse y animarse a perseverar y alcanzar la meta propuesta.

Temporada: Fin del año escolar
Título: Banquete de graduación
Tiempo: 1 a 2 horas
Tamaño del grupo: 10 o más personas
Materiales: Provisiones para la comida, decoraciones alusivas a la ocasión.

Planee un banquete de graduación para todos los que se gradúan ese año. Puede incluirse a los que se gradúan en la escuela elemental o primaria, secundaria y universidad, si es posible. Diseñe un programa divertido, con un tema central. ¡Y no se olvide de la decoración! Por ejemplo, imprima el menú en papel recortado como un diploma, o como el birrete de graduación. Si la iglesia o el grupo cuenta con recursos suficientes, pudieran llevar al grupo a algún restaurante apropiado. Otra posibilidad sería pedir que adultos voluntarios, o los padres de los que se gradúan, contribuyan para adquirir los artículos necesarios y en la preparación de los alimentos. Los demás jóvenes y señoritas del grupo pudieran servir como meseros y meseras para agasajar a los que se gradúan.

Si se acostumbra usar togas especiales para la graduación, se puede pedir que los graduandos vengan al banquete vestidos con sus togas.

9
Temporada: **Verano, o un día con viento**
Título: **Festival de cometas (papalotes)**
Tiempo: **2 a 3 horas**
Tamaño del grupo: **10 o más personas**
Materiales: Opcionalmente, salchichas, pan, condimentos, refrescos.

Organice un concurso de cometas (papalotes) para toda la iglesia. Las cometas pueden ser de cualquier tamaño o forma, pero deben ser hechas totalmente por los participantes. Consiga y otorgue premios a la cometa más grande, la más novedosa, la que más tiempo se sostiene en el aire, la que menos pudo volar. Celebre el concurso en algún campo abierto apropiado. Si es conveniente y posible, sirva las salchichas (perros calientes) y los refrescos. En algunos lugares se pudiera cobrar el precio de estos alimentos, o una cuota simbólica.

En algunos lugares se pudiera organizar esto como un evento anual, y algunas iglesias incluso pudieran incluir a la comunidad.

10
Temporada: **Verano**
Título: **Adoración en la aurora**
Tiempo: **1 a 2 horas**
Tamaño del grupo: **Cualquiera**
Materiales: Ninguno.

Celebre con su grupo de jóvenes y señoritas un culto de adoración en la aurora un día entre semana, durante el verano, o en la temporada apropiada. Invite a los jóvenes y señoritas a reunirse al rayar el sol en una playa, en un parque, un campo abierto o un sitio apropiado para ver la salida del sol. Canten alabanzas de adoración, dirija una oración, y pida que los jóvenes digan lo que Dios está haciendo en sus vidas. Después de que los jóvenes y señoritas participen, pregunte: **¿De qué manera es tu vida parecida a la aurora esta mañana? Si pudieras hacer hoy algo que siempre has querido hacer, ¿qué harías? Si** pudieras hacer de tu vida lo que quisieras, ¿qué sería lo que harías? ¿Qué diferencia hay entre soñar despierto y tener sueños en la vida? ¿En qué forma un culto como este hace impacto en tu actitud hacia lo que te espera este día? ¿Afecta en alguna manera a lo que puedes esperar en la vida?

Guillermo A. & Irene Davila
307 North 19th Street
San Jose, CA 95112
(408) 947-1361

Otros recursos dinámicos e innovadores producidos por Editorial Acción

Por qué nadie aprende mucho de nada en la iglesia y cómo remediarlo.

Por Thom y Joani Schultz

Este libro insta a un cambio radical en la educación cristiana, muestra por qué se lo necesita, y cómo hacerlo. No se trata de curas rápidas, sino de métodos probados que enfocan en el aprendizaje, no en la enseñanza.

Serie: Escoja y seleccione

• Ideas dinámicas para el ministerio con los niños

Un recurso indispensable para maestros de Escuela Dominical y laicos. Incluye más de 150 actividades fáciles de realizar en la Escuela Dominical u otras reuniones de niños.

• Ideas dinámicas para reuniones de jóvenes

El mejor recurso disponible para los que trabajan con adolescentes y jóvenes. Más de 150 ideas creativas, incluyendo devociones breves, ideas para el diálogo activo, actividades introductorias, juegos y mucho más.

Las 13 lecciones bíblicas más importantes para jóvenes y adultos

Trece reuniones para adolescentes, jóvenes y adultos sobre los temas básicos de la fe cristiana. Incluyen planes paso a paso, hojas de ejercicios, y preguntas para estimular el diálogo activo.

Lecciones bíblicas especiales para la Escuela Dominical

Por Lois Keffer

Programas bíblicos creativos para clases de niños de 4 a 12 años, diseñados para promover el aprendizaje activo. Perfectos para iglesias pequeñas, iglesias con espacio limitado, o congregaciones que desean una variación dinámica en su programa regular de enseñanza en la Escuela Dominical.

Serie: Programas bíblicos activos

Cuatro estudios bíblicos, de cuatro semanas de duración cada uno, que estimulan a los adolescentes y jóvenes a dialogar, aprender, y explorar la Palabra de Dios. Todo lo que un maestro o líder necesita para realizar una clase con éxito: guía completa para el maestro, hojas de ejercicios, materiales de publicidad e ideas adicionales.

• El sexo: Una perspectiva cristiana
• Las películas, la música, la televisión y yo
• Las religiones falsas
• Las drogas y las bebidas alcohólicas

Disponibles en su librería cristiana local.
En los Estados Unidos y Puerto Rico llame gratuitamente al teléfono 1-800-447-1070.
Editorial Acción, Box 481, Loveland, CO 80539, EE. UU.